Inhalt

Vorwort 4

Meine Familie und ich 6
Persönliche Angaben 8
Die Familie 11
Personen beschreiben 14
Berufe 18

Das schmeckt gut! 20
Lebensmittel 22
Obst und Gemüse 28
Mahlzeiten, Geschirr, Besteck 32

Hier wohne ich 36
Haus und Wohnung 38
In meinem Zimmer 44
Haushaltsgegenstände 46

Fit und gesund 48
Der Körper 50
Im Bad 54
Beim Arzt 56

Das steht dir gut! 60
Kleidungsstücke 62
Farben und Muster 66

Was kostet das? 68
Im Geschäft 70
Zahlen 74

Schule und Ausbildung 80
Im Klassenzimmer 82
In der Schule 85
Schule und Ausbildung 91
Medien und Kommunikation 93

Mein Tag 96
Der Alltag 98
Die Freizeit 102

Unterwegs 106
Auf Reisen 108
Meine Umgebung 113

Die Zeit 118

In der Natur 126
Pflanzen und Landschaft 128
Tiere 130
Das Wetter 132

Register 135

Meine Familie und ich

meine Familie

der Vater die Tochter die Mutter der Opa der Sohn die Oma

Personen beschreiben

jung alt

wütend

ängstlich

traurig

fröhlich

neugierig

die Geschwister (Pl.)  die ______________
teGewisrsch
 ______ ______________

der Bruder  der ________
erudBr
 ______ ________

die Schwester  die ____________
teSchesrw
 ______ ____________

der Onkel  der _____
lenkO
 ______ _____

die Tante  die _____
tanTe
 ______ _____

die Großeltern (Pl.) 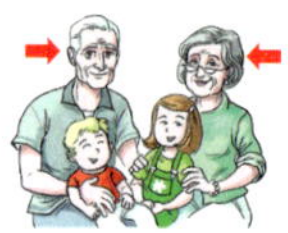 die ____________
ßernGrolte
 ______ ____________

der Opa 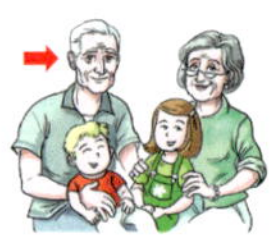 der ___
aOp
 ______ ___

die Oma  die ___
Oam
 ______ ___

die Enkel *(Pl.)* 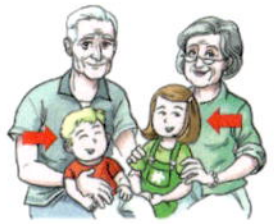 die _ _ _ _ _
kleEn
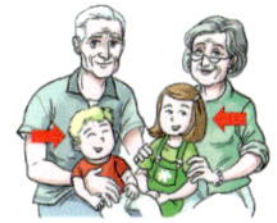 ______ _ _ _ _ _

der Enkel  der _ _ _ _ _
knEel
 ______ _ _ _ _ _

die Enkelin  die _ _ _ _ _ _ _
inelnkE
 ______ _ _ _ _ _ _ _

das Ehepaar  das _ _ _ _ _ _ _
ehEaapr
 ______ _ _ _ _ _ _ _

der Ehemann  der _ _ _ _ _ _ _
nnaEhme
 ______ _ _ _ _ _ _ _

die Ehefrau  die _ _ _ _ _ _ _
Efaurhe
 ______ _ _ _ _ _ _ _

der Freund  der _ _ _ _ _ _
nFdreu
 ______ _ _ _ _ _ _

die Freundin  die _ _ _ _ _ _ _ _
ineuFrnd
 ______ _ _ _ _ _ _ _ _

Personen beschreiben

der Mann		der _ _ _ _ Mnan	 ______ _ _ _ _
die Frau		die _ _ _ _ Faur	 ______ _ _ _ _
der Junge		der _ _ _ _ _ ngueJ	 ______ _ _ _ _ _
das Mädchen		das _ _ _ _ _ _ _ enädMch	 ______ _ _ _ _ _ _ _
das Baby		das _ _ _ _ aybB	 ______ _ _ _ _
die Brille		die _ _ _ _ _ _ ilBrle	 ______ _ _ _ _ _ _
der Bart		der _ _ _ _ arBt	 ______ _ _ _ _

der Zopf  der ____
pfoZ
 ____ ____

die Locken *(Pl.)*  die ______
ckenLo
 ____ ______

blond  _____
oblnd
 _____

braun  _____
aubrn
 _____

schwarz  _______
rzaschw
 _______

alt  ___
atl
 ___

jung 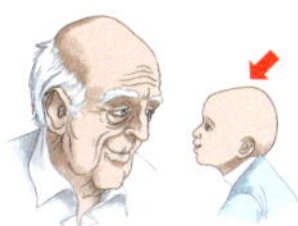 ____
jngu
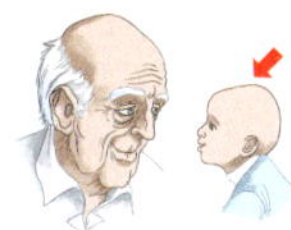 ____

groß  ____
rogß
 ____

klein  _ _ _ _ _ neikl  _ _ _ _ _

dünn  _ _ _ _ ndün  _ _ _ _

dick  _ _ _ _ ickd  _ _ _ _

hübsch  _ _ _ _ _ _ üschhb  _ _ _ _ _ _

hässlich  _ _ _ _ _ _ _ _ hchliäss  _ _ _ _ _ _ _ _

fröhlich  _ _ _ _ _ _ _ _ lihchfrö  _ _ _ _ _ _ _ _

traurig  _ _ _ _ _ _ _ igaurtr  _ _ _ _ _ _ _

ängstlich  _ _ _ _ _ _ _ _ _ tlingächs  _ _ _ _ _ _ _ _ _

neugierig  ____________  ____________

rigneugie

müde  _____  _____

mdeü

wütend  ________  ________

tüwden

stark  ______  ______

arstk

verheiratet  _______________  _______________

eiraverteth

geschieden  ______________  ______________

ieschgeden

männlich 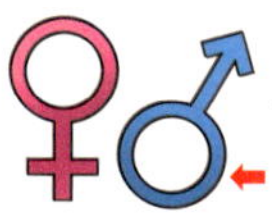 __________  __________

limännch

weiblich  __________ 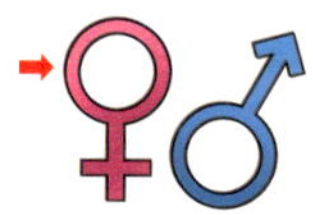 __________

eiwchbli

Das schmeckt gut!

das Frühstück

die Tasse

das Besteck

das Brötchen

die Marmelade

das Müsli

der Saft

die Lebensmittel

das Ei

die Banane

der Käse

das Brot

die Nudeln

die Tomate

Lebensmittel

die
Lebensmittel
(Pl.)

die ______________
elbemittnsLe

___ ______________

das Brot

das ____
tBor

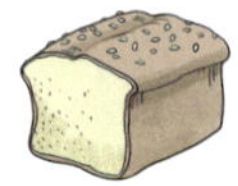

___ ____

das Brötchen

das _________
tenchBrö

___ _________

das Müsli

das _____
lüMsi

___ _____

die Marmelade

die _________
elaMdearm

___ _________

der Honig

der _____
goHin

___ _____

das Ei

das __
iE

___ __

die Butter 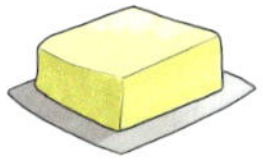 die ______
uerttB
 ______

der Jogurt  der ______
oJurtg
 ______

die Sahne  die ______
Sneah
 ______

der Käse  der ______
sKeä
 ______

die Wurst  die ______
turWs
 ______

das Würstchen 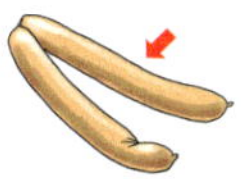 das ______
cheWtürns
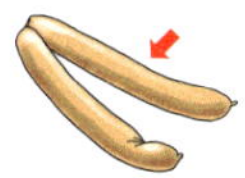 ______

das Fleisch 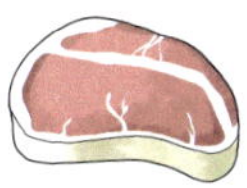 das ______
Fscheil
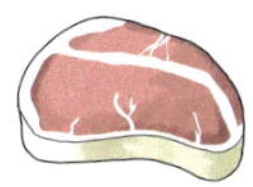 ______

das Hähnchen  das ______
Henähchn
 ______

der Hamburger  der ___________  ______ ___________

ruHmberag

der Fisch  der ______  ______ ______

Fschi

die Nudeln *(Pl.)*  die _______  ______ _______

elNnud

die Pommes frites *(Pl.)*  die ______ _______  ______ ______ _______

Poesmm itsfre

der Reis  der ____  ______ ____

seiR

die Pizza  die _____  ______ _____

izzPa

die Suppe  die _____  ______ _____

Speup

der Essig  der _____  ______ _____

igEss

das Öl  das ___ lÖ  ___ ___

der Pfeffer  der ___ erPfffe  ___ ___

das Salz  das ___ laSz  ___ ___

der Zucker  der ___ Zckrue  ___ ___

der Kuchen  der ___ Kuench  ___ ___

der Bonbon 

der ___ Bbonon 

___ ___

das Eis  das ___ sEi  ___ ___

die Schokolade  die ___ olSchdeoka  ___ ___

die Chips *(Pl.)*		die _ _ _ _ _ _	Chpsi		___ _ _ _ _ _ _
die Getränke *(Pl.)*		die _ _ _ _ _ _ _ _	Geäntrke		___ _ _ _ _ _ _ _ _
der Saft		der _ _ _ _	tSaf		___ _ _ _ _
das Wasser		das _ _ _ _ _ _	sWsera		___ _ _ _ _ _ _
die Cola		die _ _ _ _	oalC		___ _ _ _ _
die Limonade		die _ _ _ _ _ _ _ _	edLmiona		___ _ _ _ _ _ _ _ _
der Tee		der _ _ _	eTe		___ _ _ _
der Kaffee		der _ _ _ _ _ _	afeefK		___ _ _ _ _ _ _

die Milch  die _ _ _ _ _
Michl
 ___ _ _ _ _ _

die Dose  die _ _ _ _
osDe
 ___ _ _ _ _

die Flasche  die _ _ _ _ _ _ _
Flschae
 ___ _ _ _ _ _ _ _

die Tüte  die _ _ _ _
Tetü
 ___ _ _ _ _

die Packung  die _ _ _ _ _ _ _
ungckPa
 ___ _ _ _ _ _ _ _

das Kilo  das _ _ _ _
Koli
 ___ _ _ _ _

das Gramm  das _ _ _ _ _
mraGm
 ___ _ _ _ _ _

der Liter  der _ _ _ _ _
Lerit
 ___ _ _ _ _ _

Obst und Gemüse

das Obst  das _____
tOsb
 _____ _____

die Ananas  die _______
anAsan
 _____ _______

der Apfel  der _____
epflA
 _____ _____

die Banane  die ______
aneBna
 _____ ______

die Birne  die _____
Bnire
 _____ _____

die Erdbeere  die ________
deebErer
 _____ ________

die Himbeere  die ________
reHimbee
 _____ ________

die Kirsche  die ________

ischKre

 ______ ________

die Melone  die ______

Monele

 ______ ______

die Walnuss  die _______

Wlnassu

 ______ _______

die Orange  die ______

ngrOae

 ______ ______

der Pfirsich  der ________

irPfchsi

 ______ ________

die Pflaume  die _______

auPflem

 ______ _______

die Weintrauben *(Pl.)*  die ___________

eibeWauntrn

 ______ ___________

die Zitrone  die _______

Zneroit

 ______ _______

das Gemüse 	das ________ emGüse		____ ________
die Aubergine 	die ____________ berAugine		____ ____________
die Bohne 	die ______ Bnohe		____ ______
die Gurke 	die ______ erGuk		____ ______
die Karotte 	die _________ Koartte		____ _________
die Kartoffel 	die ____________ ffelKtoar		____ ____________
der Knoblauch 	der ____________ noKblchau		____ ____________
der Kopfsalat 	der ____________ pfatKosal		____ ____________

der Mais

der _ _ _ _

Msai

___ _ _ _ _

die Paprika

die _ _ _ _ _ _ _

ikpraPa

___ _ _ _ _ _ _ _

der Pilz

der _ _ _ _

Pzli

___ _ _ _ _

die Tomate

die _ _ _ _ _ _

omTeat

___ _ _ _ _ _ _

die Zucchini

die _ _ _ _ _ _ _ _

niZucchi

___ _ _ _ _ _ _ _ _

die Zwiebel

die _ _ _ _ _ _ _

elbwZie

___ _ _ _ _ _ _ _

frisch

_ _ _ _ _ _

schifr

_ _ _ _ _ _

reif

_ _ _ _

feir

_ _ _ _

Mahlzeiten, Geschirr, Besteck

das Frühstück  das ______________  ____ ______________

ühFckrstü

das Mittagessen  das __________________  ____ __________________

essttaMigen

das Abendessen  das ________________  ____ ________________

enssAbende

das Geschirr  das ____________  ____ ____________

irrscheG

das Glas  das ______  ____ ______

laGs

die Tasse  die ________  ____ ________

Tseas

der Teller 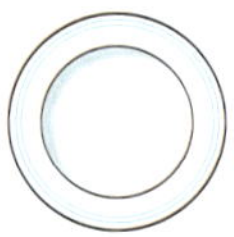 der _________ 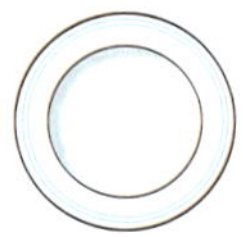 ____ _________

elrlTe

die Schüssel  die __________  ____ __________

essüSchl

das Besteck  das __________  ____ __________

Beckste

die Gabel  die ______  ____ ______

bGael

der Löffel  der _______  ____ _______

öfelfL

das Messer  das _______  ____ _______

esMers

die Backform  die __________  ____ __________

Bfckoarm

die Pfanne  die _______  ____ _______

naPfen

der Topf  der ____  ____ ____

oTpf

der Durst

der ______

rDsut

______ ______

der Hunger

der ______

urHnge

______ ______

essen

______

nsees

______

trinken

______

nktenir

______

backen

______

cknbae

______

braten

______

nbtrae

______

grillen

______

rlligen

______

kochen

______

keochn

______

salzig  ______ gszali  ______

scharf  ______ rfasch  ______

sauer 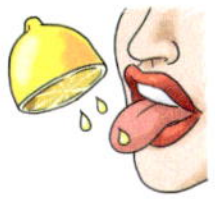 ______ eraus  ______

süß  ______ sßü  ______

viel  ______ liev  ______

wenig  ______ wigen  ______

heiß  ______ eißh  ______

kalt  ______ lakt  ______

Hier wohne ich

mein Zimmer

der Schreibtisch

das Bett

der Schrank

der Stuhl

die Wohnung

die Küche

das Schlafzimmer

der Balkon

das Wohnzimmer

das Bad

Haus und Wohnung

das Haus		das _____ Hsau	 _____ _____
die Wohnung	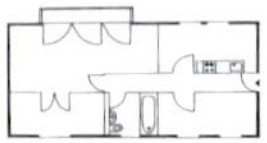	die _____ ohnuWng	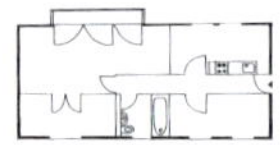 _____ _____
das Erdgeschoss		das _____ schrdEgesso	 _____ _____
der erste Stock		der _____ _____ teser ckoSt	 _____ _____ _____
das Dachgeschoss		das _____ schDgechaoss	 _____ _____
der Keller		der _____ Klelre	 _____ _____
der Balkon		der _____ Blkaon	 _____ _____

der Garten  der ________ rteGan  ____ ________

die Pflanze  die ________ zlanePf  ____ ________

die Garage  die ________ arGage  ____ ________

der Hof  der ___ foH  ____ ___

der Aufzug  der ________ ufAugz  ____ ________

das Dach  das ____ chaD  ____ ____

die Treppe  die ________ peTrep  ____ ________

der Eingang  der ________ gEinang  ____ ________

der Briefkasten		der ______________ kietenBasrf	 ______________
die Klingel		die ________ elingKl	 ________
die Mülltonne		die __________ tnnMoülle	 __________
das Bad		das ___ adB	 ___
die Küche		die _____ Küech	 _____
das Wohnzimmer		das __________ nerWzimmoh	 __________
das Kinderzimmer		das ____________ erKerzimmind	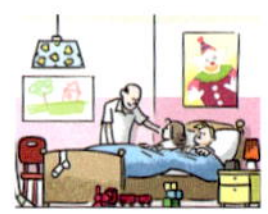 ____________
das Schlafzimmer		das ____________ mmerlafziSch	 ____________

das Arbeitszimmer

das ______________

Azimmrbtseier

______ ______________

der Flur

der ____

lrFu

______ ____

die Tür

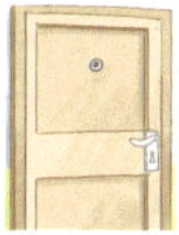

die ___

ürT

______ ___

das Fenster

das _______

erFnset

______ _______

der Vorhang

der _______

Vongrha

______ _______

die Badewanne

die _________

Bannedewa

______ _________

die Dusche

die ______

ueDsch

______ ______

das Waschbecken

das ___________

Wackbeschen

______ ___________

die Toilette  die ____________

ettToile  ____ __________

die Heizung  die __________

Hzueing  ____ _________

der Schlüssel  der _____________

lScheüss  ____ ___________

der Umzug  der _______

Uzugm  ____ ______

die Miete 

die _______

ieMte 

____ ______

der Nachbar  der __________

bchNara  ____ _________

der Quadratmeter 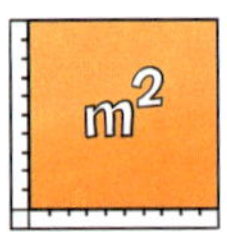

der ________________

dmetQuarater 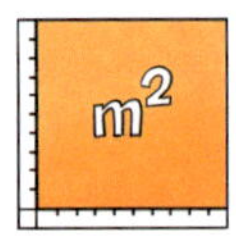

____ ______________

bauen  _______

auneb  _______

umziehen

_ _ _ _ _ _ _ _

zenumieh

_ _ _ _ _ _ _ _

reparieren

_ _ _ _ _ _ _ _ _ _

renpariere

_ _ _ _ _ _ _ _ _ _

streichen

_ _ _ _ _ _ _ _ _

enstrchei

_ _ _ _ _ _ _ _ _

tapezieren

_ _ _ _ _ _ _ _ _ _

tzaperenie

_ _ _ _ _ _ _ _ _ _

ruhig

_ _ _ _ _

guhri

_ _ _ _ _

laut

_ _ _ _

ltau

_ _ _ _

hell

_ _ _ _

lhel

_ _ _ _

dunkel

_ _ _ _ _ _

dnelku

_ _ _ _ _ _

In meinem Zimmer

die Möbel *(Pl.)*		die ______ Möelb	 ______ ______
das Bett		das ______ teBt	 ______ ______
das Bild		das ______ dilB	 ______ ______
das Poster		das ______ stPoer	 ______ ______
der Schrank	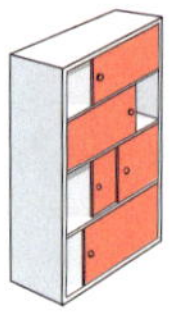	der ______ ankrSch	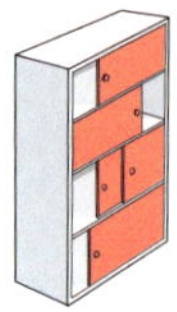 ______ ______
die Kommode		die ______ odemmKo	 ______ ______
die Lampe		die ______ Lpame	 ______ ______

das Regal  das ______
gaRel
 ____ ______

der Tisch  der ______
schTi
 ____ ______

der Sessel  der ______
Sseles
 ____ ______

das Sofa  das ____
Sfao
 ____ ____

der Spiegel  der _______
liegSpe
 ____ _______

der Stuhl  der _____
uSthl
 ____ _____

der Teppich  der _______
eppchiT
 ____ _______

der Schreibtisch  der ___________
rbtSchischei
 ____ ___________

Haushaltsgegenstände

der Herd  der ____
Hrde
 ____ ____

der Backofen  der ________
Baofcken
 ____ ________

die Mikrowelle  die __________
ikwerolleM
 ____ __________

der Kühlschrank 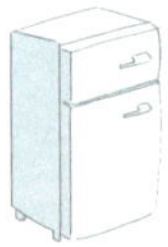 der ___________
Kranschühlk
 ____ ___________

die Spülmaschine 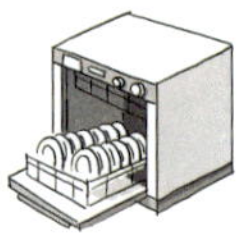 die ___________
ineüSpalmsch
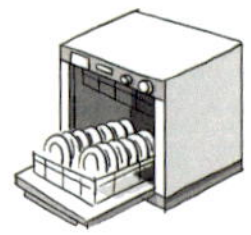 ____ ___________

die Kaffeemaschine  die ______________
eeKamaffschine
 ____ ______________

die Waschmaschine  die ____________
schWainemasch
 ____ ____________

der Fön		der	___ öFn		___ ___
der Staubsauger		der	___ auStbsgauer		___ ___
der Fernseher		der	___ ernFesehr		___ ___
das Radio		das	___ Raiod		___ ___
der CD-Player		der	___ - ___ DC-Perlay		___ ___ - ___
die Uhr		die	___ hrU		___ ___
der Mülleimer		der	___ Meiümerll		___ ___
die Leiter		die	___ eiLert		___ ___

Fit und gesund

der Körper

der Kopf

die Schulter

der Arm

die Hand

das Bein

der Fuß

beim Arzt

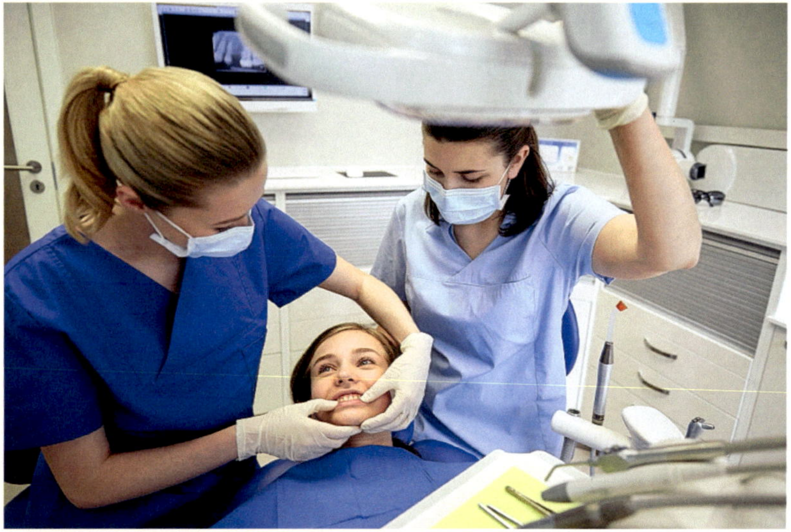

die Apotheke

die Schmerzen

der Schnupfen

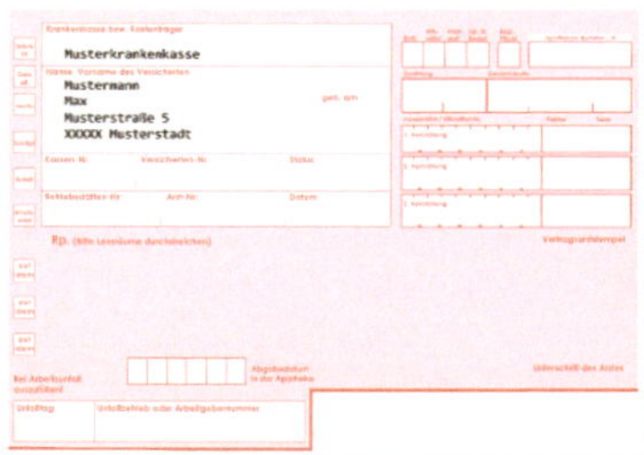

Musterkrankenkasse
Mustermann
Max
Musterstraße 5
XXXXX Musterstadt

das Rezept

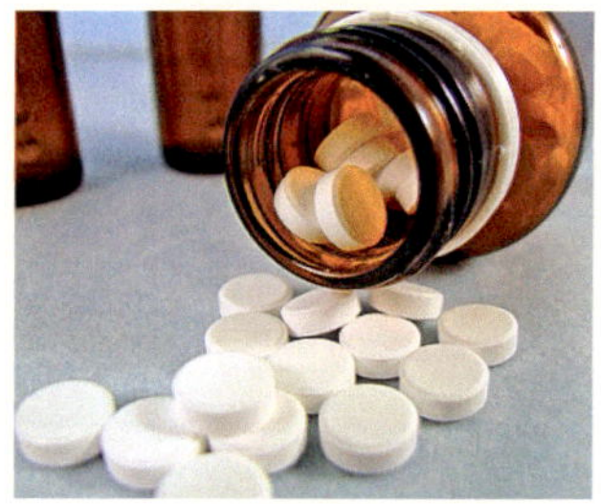

die Tabletten

Der Körper

der Körper 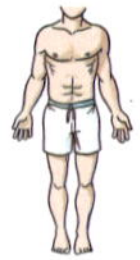 der _ _ _ _ _ _
erKröp
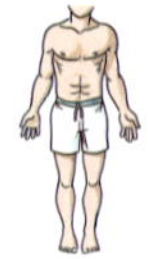 ____ _ _ _ _ _ _

der Fuß 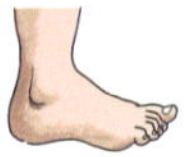 der _ _ _
Fßu
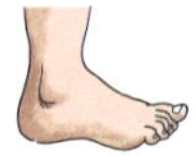 ____ _ _ _

der Zeh 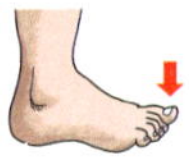 der _ _ _
eZh
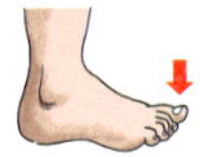 ____ _ _ _

das Bein 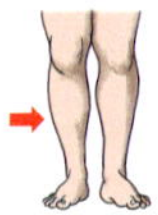 das _ _ _ _
eiBn
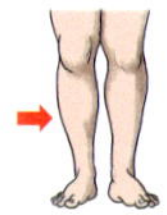 ____ _ _ _ _

das Knie 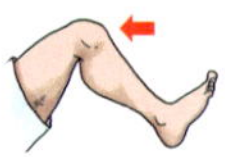 das _ _ _ _
ieKn
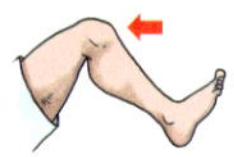 ____ _ _ _ _

der Po  der _ _
oP
 ____ _ _

der Bauch 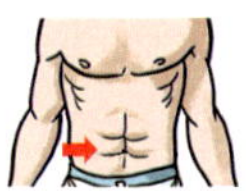 der _ _ _ _ _
chauB
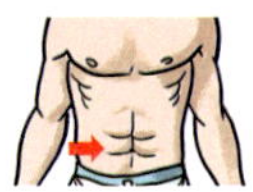 ____ _ _ _ _ _

die Brust 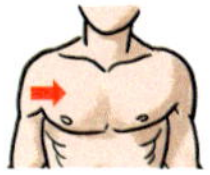 die ______ usBtr 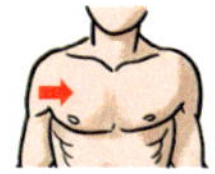 ____ ______

der Rücken 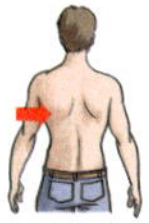 der ________ Recknü 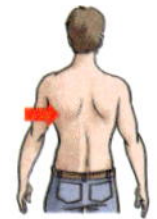 ____ ________

die Schulter 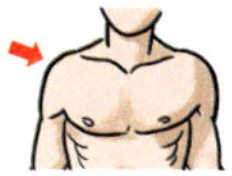 die __________ ulrSchte 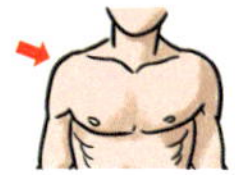 ____ __________

der Arm 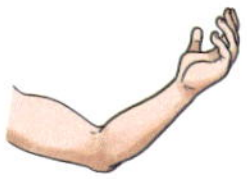 der ___ Amr 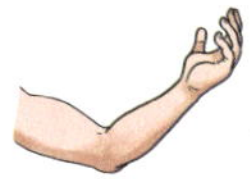 ____ ___

der Ellenbogen 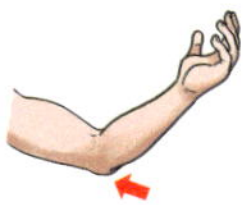 der ____________ ebonEllgen 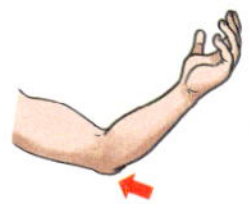 ____ ____________

die Hand 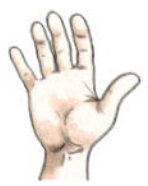 die _____ nHad 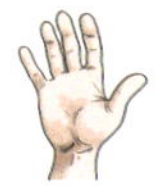 ____ _____

der Finger 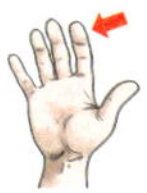 der _______ engrFi 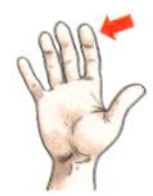 ____ _______

der Daumen  der _______ aumDen  ____ _______

der Hals	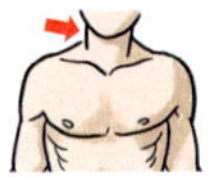	der _ _ _ _	salH	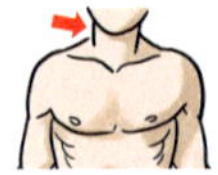	______ _ _ _ _
der Kopf		der _ _ _ _	Kpfo		______ _ _ _ _
die Haare *(Pl.)*		die _ _ _ _ _	arHae	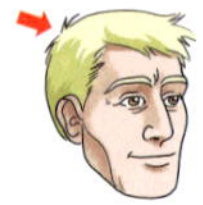	______ _ _ _ _ _
das Gesicht		das _ _ _ _ _ _ _	Gitechs		______ _ _ _ _ _ _ _
das Auge	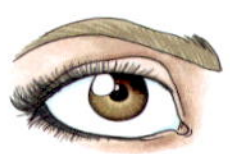	das _ _ _ _	gAue	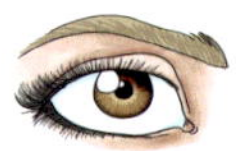	______ _ _ _ _
die Stirn	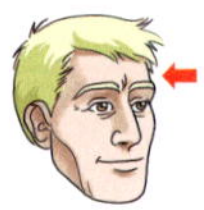	die _ _ _ _ _	irStn	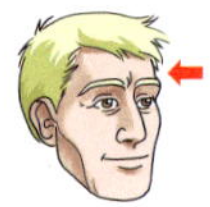	______ _ _ _ _ _
die Nase	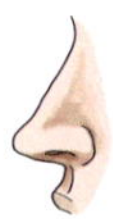	die _ _ _ _	saeN	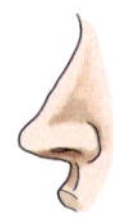	______ _ _ _ _
das Ohr	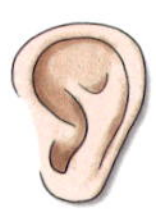	das _ _ _	hrO	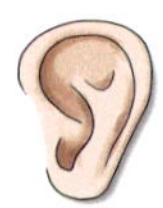	______ _ _ _

der Mund		der ____ Mndu		___ ____
die Lippe		die _____ eppLi		___ _____
die Zunge		die _____ ueZng	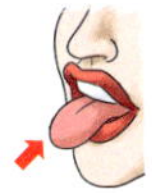	___ _____
der Zahn	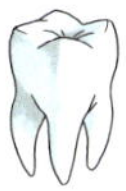	der ____ Zhna		___ ____
die Haut	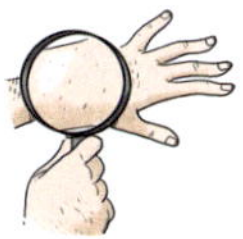	die ____ auHt	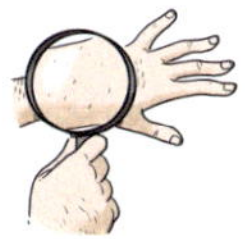	___ ____
der Knochen		der _______ oenchKn	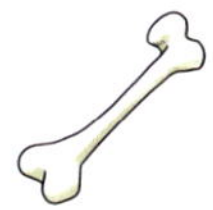	___ _______
das Herz	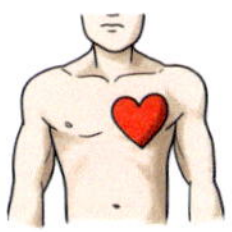	das ____ Hrez	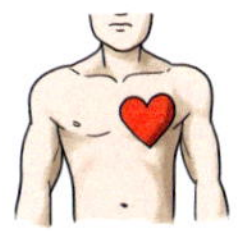	___ ____
das Blut	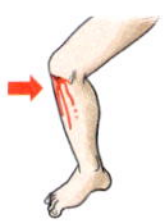	das ____ Butl	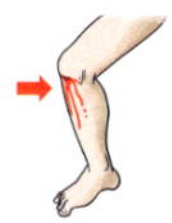	___ ____

Im Bad

die Seife 

die ______
Sfeie

___ ______

die Zahnbürste 
die ______________
Zhnabüters

___ ______________

die Zahnpasta 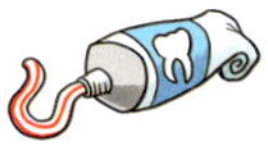
die ______________
atahnpsZa
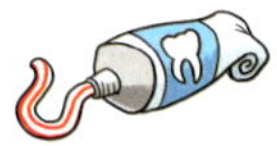
___ ______________

das Duschgel 

das ____________
Dugschel

___ ____________

das Shampoo 

das ____________
amShpoo

___ ____________

der Kamm 
der ______
maKm

___ ______

die Bürste 
die __________
rsüteB

___ __________

das Handtuch		das __________ Hachndtu		____ __________
die Creme		die ______ eCrme		____ ______
das Taschentuch	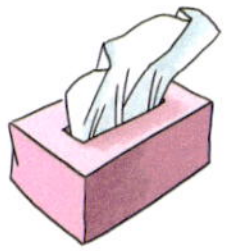	das ______________ schTaenchtu		____ ______________
waschen		_______ eschnwa		_______
duschen		_______ dschuen		_______
baden		_____ bdean		_____
kämmen *(+sich)*		______ kenmmä		______
rasieren *(+sich)*		________ ienrasre		________

Beim Arzt

die Kranken-
schwester

die __________-
____
schKrenanweskter

_____ __________-
____

der Arzt

der _____
Aztr

_____ _____

der Zahnarzt
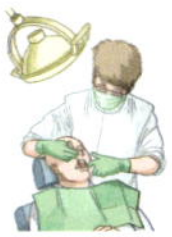
der ________
arhnztZa
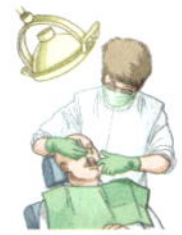
_____ ________

die Arztpraxis

die __________
tArprazxis

_____ __________

das
Krankenhaus

das ___________
auskenKranh

_____ ___________

die Schmerzen
(Pl.)

die _________
mezenSchr

_____ _________

das Fieber

das ______
erFbie

_____ ______

der Husten

der ________
tenHus

___ ________

der Schnupfen

der ___________
nSchuenpf

___ ___________

die Apotheke

die __________
Akepthoe

___ __________

das Rezept

das ________
Reptze

___ ________

die Medikamente *(Pl.)*

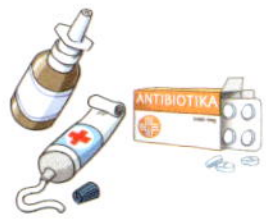

die ______________
nteMeamdike

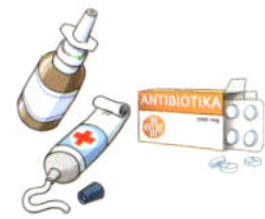

___ ______________

die Salbe

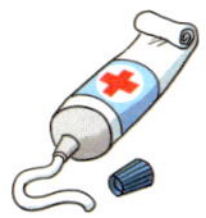

die _____
Sabel

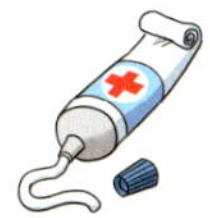

___ _____

die Tablette

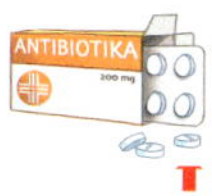

die __________
ttebTale

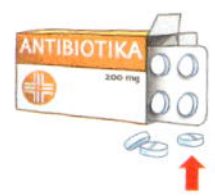

___ __________

das Nasenspray

das ___________
Nasrayensp

___ ___________

der Hustensaft  der

tenHusftsa

das Pflaster 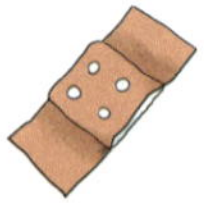 das

lasPfter

der Verband 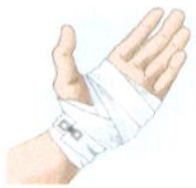 der

bandVer

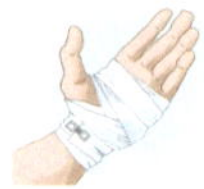

die Spritze 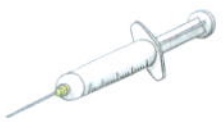 die

riSptze

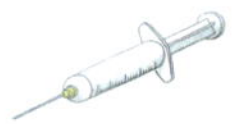

die Operation 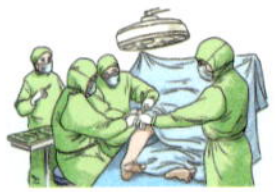 die

Optionera

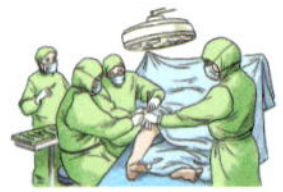

der Krankenwagen 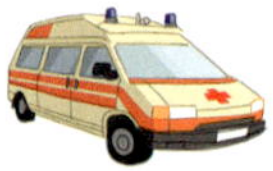 der

kenwaKrangen

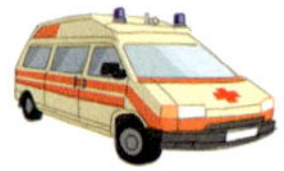

einnehmen 

meneinehn

untersuchen 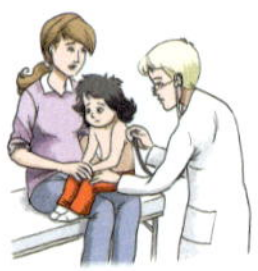

eruntsuench

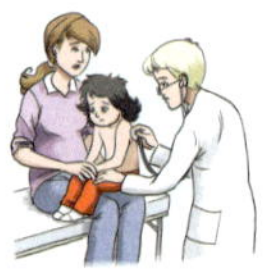

röntgen 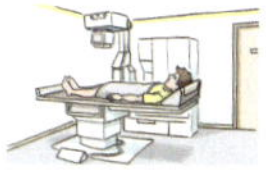 _ _ _ _ _ _ _ 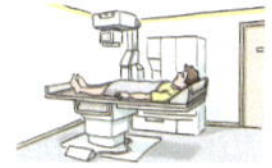 _ _ _ _ _ _ _

genrönt

messen 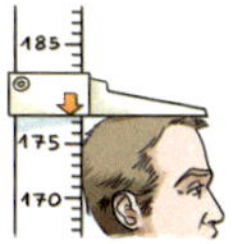

_ _ _ _ _ _ 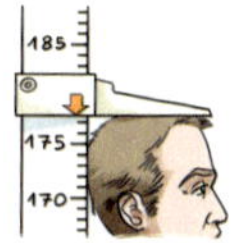

_ _ _ _ _ _

senmes

wiegen  _ _ _ _ _ _  _ _ _ _ _ _

enwgie

krank 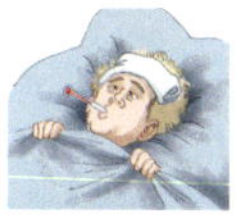 _ _ _ _ _ 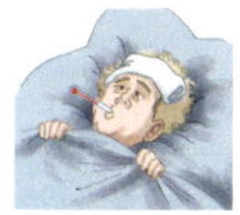 _ _ _ _ _

nkkra

gesund  _ _ _ _ _ _  _ _ _ _ _ _

dsgeun

behindert  _ _ _ _ _ _ _ _ _  _ _ _ _ _ _ _ _ _

hinbedert

schwanger  _ _ _ _ _ _ _ _ _  _ _ _ _ _ _ _ _ _

schngwaer

tot  _ _ _  _ _ _

ott

Das steht dir gut!

das T-Shirt

die Kappe

die Sommer-
kleidung

der Rock

die Badehose

die Sonnenbrille

die Turnschuhe

die Winter-
kleidung

der Pullover

der Schal

die Mütze

die Handschuhe

die Jacke

die Hose

Kleidungsstücke

die Kleidung		die ________	Keildngu		____ ________
das T-Shirt		das _-_____	T-irSht		____ _-_____
das Hemd		das ____	Hmde		____ ____
die Hose		die ____	eHos		____ ____
der Gürtel		der ______	ürtelG	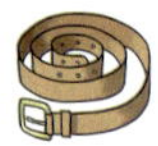	____ ______
die Jacke		die _____	aeJck		____ _____
der Pullover		der ________	oervPull		____ ________

der Rock  der _ _ _ _  ______ _ _ _ _
Rcko

das Kleid  das _ _ _ _ _  ______ _ _ _ _ _
eiKdl

die Bluse  die _ _ _ _ _  ______ _ _ _ _ _
lueBs

der Mantel  der _ _ _ _ _ _  ______ _ _ _ _ _ _
Maelnt

das Unterhemd  das _ _ _ _ _ _ _ _ _ 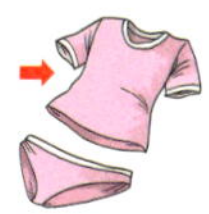 ______ _ _ _ _ _ _ _ _ _
Uernmdthe

die Unterhose 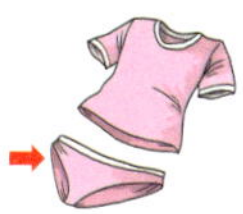 die _ _ _ _ _ _ _ _ _ 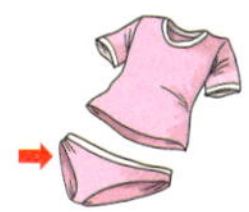 ______ _ _ _ _ _ _ _ _ _
oseteUnrh

die Socke 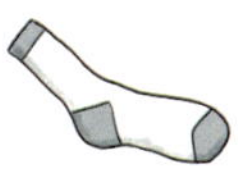 die _ _ _ _ _ 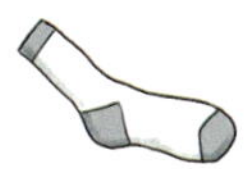 ______ _ _ _ _ _
Secko

der Schuh  der _ _ _ _ _  ______ _ _ _ _ _
uhSch

der Turnschuh		der ____________ (schTrnuuh)		____ ____________
die Mütze		die ______ (Mtzüe)		____ ______
die Kappe		die ______ (ppKea)		____ ______
die Sonnenbrille		die ____________ (nnbirSenoell)		____ ____________
der Handschuh		der ____________ (schandHuh)		____ ____________
der Schal		der ______ (laSch)		____ ______
das Kopftuch	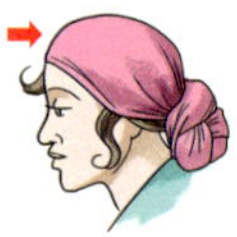	das ____________ (chtupfKo)	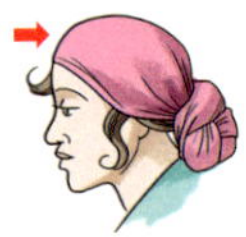	____ ____________
der Badeanzug		der ____________ (ugBadeanz)		____ ____________

die Badehose  die ____________ Bseahdeo  ____ ____________

die Größe 

die ________ Gßerö 

____ ________

anziehen  ____________ enzieanh  ____________

ausziehen  ______________ zieauhens  ______________

eng  ____ nge  ____

weit  ______ twei  ______

kurz  ______ rukz  ______

lang  ______ lnga  ______

Farben und Muster

die Farbe		die _ _ _ _ _ bearF	 ___ _ _ _ _ _
weiß		_ _ _ _ eiwß	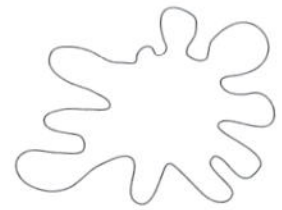 _ _ _ _
gelb		_ _ _ _ elgb	 _ _ _ _
rosa		_ _ _ _ aors	 _ _ _ _
rot		_ _ _ tor	 _ _ _
orange		_ _ _ _ _ _ oraeng	 _ _ _ _ _ _
lila		_ _ _ _ lali	 _ _ _ _

blau		____	baul		____
grün		____	rügn		____
grau		____	augr		____
schwarz		_______	zwarsch		_______
bunt		____	nubt		____
gestreift		_________	stgerftei		_________
kariert		_______	kartrie		_______
gepunktet		_________	etpungekt	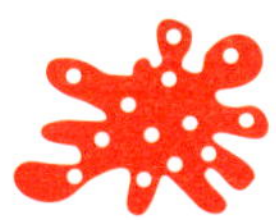	_________

Was kostet das?

die Geschäfte

das Einkaufszentrum

die Bäckerei

die Drogerie

der Supermarkt

der Markt

im Geschäft

der Verkäufer

die Kundin

der Preis

bezahlen

die Kasse

Im Geschäft

das Geschäft

das ____________

äftschGe

_____ ____________

die Bäckerei

die ____________

äerckeiB

_____ ____________

die Metzgerei

die ______________

ereitzgMe

_____ ______________

der Supermarkt

der ________________

ktSurmarpe

_____ ________________

der Markt

der ________

Mkart

_____ ________

die Drogerie

die ____________

ieogDrer

_____ ____________

das Einkaufs-zentrum

das ____________-
____

aukfEisnmntruze

_____ ____________-
____

der Kiosk 

der ______
ioKsk

______ ______

die Verkäuferin 
die ______
kferäuinVer

______ ______

die Kundin 
die ______
Kdunin
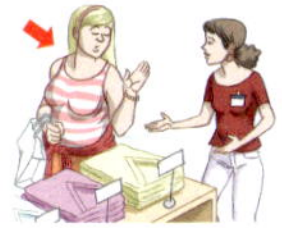
______ ______

der Preis 

der ______
Peirs

______ ______

die Kasse 
die ______
seasK

______ ______

der Kassenzettel 

der ______
elttKaenssze

______ ______

das Portemonnaie 
das ______
aiennProtemo

______ ______

bezahlen 
______
zbeaenhl

______

das Geld  das ___
Gdel
 ___ ___

der Euro  der ___
orEu
 ___ ___

der Cent  der ___
neCt
 ___ ___

das Taschengeld 

das ___
schTenaldge

___ ___

das Geschenk  das ___
Genschek
 ___ ___

das Angebot 

das ___
geAbotn

___ ___

verkaufen  ___
kfeauvern
 ___

kaufen  ___
fauken
 ___

suchen  suench 

finden  nfdine 

zeigen  eiznge 

anprobieren  renproanbie 

die
Umkleidekabine  die eiklUmkadenebi 

teuer 

euert 

billig 

bigill 

kaputt 

puktta 

Zahlen

eins	1	_ _ _ _	1	_ _ _ _
		neis		
zwei	2	_ _ _ _	2	_ _ _ _
		wzei		
drei	3	_ _ _ _	3	_ _ _ _
		eidr		
vier	4	_ _ _ _	4	_ _ _ _
		vrie		
fünf	5	_ _ _ _	5	_ _ _ _
		nfüf		
sechs	6	_ _ _ _ _	6	_ _ _ _ _
		chses		
sieben	7	_ _ _ _ _ _	7	_ _ _ _ _ _
		ensbie		

acht	8	_ _ _ _	atch	8	_ _ _ _
neun	9	_ _ _ _	eunn	9	_ _ _ _
zehn	10	_ _ _ _	zneh	10	_ _ _ _
elf	11	_ _ _	fel	11	_ _ _
zwölf	12	_ _ _ _ _	fözwl	12	_ _ _ _ _
dreizehn	13	_ _ _ _ _ _ _ _	dehrzein	13	_ _ _ _ _ _ _ _
vierzehn	14	_ _ _ _ _ _ _ _	vriezneh	14	_ _ _ _ _ _ _ _
fünfzehn	15	_ _ _ _ _ _ _ _	nfzeführn	15	_ _ _ _ _ _ _ _

sechzehn	16	________ chsehzen	16 ________
siebzehn	17	________ zehsbien	17 ________
achtzehn	18	________ zeathchn	18 ________
neunzehn	19	________ eunhnzen	19 ________
zwanzig	20	_______ azwzign	20 _______
einundzwanzig	21	_____________ ignueindanzwz	21 _____________
dreißig	30	_______ ßigdeir	30 _______
vierzig	40	_______ zigierv	40 _______

fünfzig	50	__________ fzünigf	50	__________
sechzig	60	__________ igchzse	60	__________
siebzig	70	__________ bigsiez	70	__________
achtzig	80	__________ atzchig	80	__________
neunzig	90	__________ nzigneu	90	__________
hundert	100	__________ derthun	100	__________
hunderteins	101	________________ seidernhunt	101	________________
dreihundert	300	________________ drheiudenrt	300	________________

tausend	1000 ________ ndtsaue	1000 ________
zwölftausend	12 000 ______________ ndauzöwlftse	12 000 ______________
die Million	1 000 000 die ________ Monilli	1 000 000 ___ ________
das Prozent	 das ________ ntzePro	 ___ ________
die Zahlen *(Pl.)*	1 7 2 4 3 die _______ Zhlane	1 7 2 4 3 ___ _______
die Hälfte	 die _______ telHäf	 ___ _______
das Viertel	das ________ elVtier	 ___ ________
das Drittel	 das ________ ttriDel	 ___ ________

drei Viertel		___ ________ eidr Vrtieel		___ ________
zählen		______ nähzle	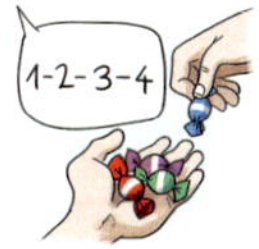	______
rechnen		_______ nechnre		_______
plus	+	____ uspl	+	____
minus	−	_____ usinm	−	_____
mal	x	___ lam	x	___
geteilt	÷	_______ eigetlt	÷	_______
gleich	=	______ cheilg	=	______

Schule und Ausbildung

der Block

der Anspitzer

die Schulsachen

das Lineal

der Kuli

die Schere

das Heft

lernen

die Schule

der Kindergarten

die Universität

die Bibliothek

die Ausbildung

der Taschenrechner  der ______________ schaTenchernre  ___ ______________

der Schreibblock  der ______________ ckoblSchbeir  ___ ______________

das Papier  das ______ Pieapr 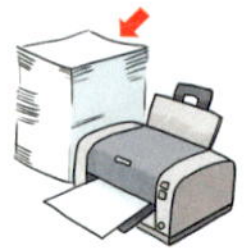 ___ ______

der Papierkorb  der __________ rbokPieapr  ___ __________

der Schreibtisch  der ____________ rbtSchischei  ___ ____________

der Rucksack  der ________ cksaRcku  ___ ________

die Sporttasche  die ___________ schtaeSptro  ___ ___________

die Brotdose  die ________ seodotBr  ___ ________

In der Schule

die Schulfächer *(Pl.)*  die ________________
chfäerulSch
 ____ ____________

(das) Deutsch  das __________
scheuDt
 ____ _______

die Mathematik  die ______________
atikMamthe
 ____ __________

die Biologie  die ___________
Biogielo
 ____ ________

(das) Englisch  das ___________

Eschngli

____ ________

die Geschichte  die ______________
cheGitesch
 ____ __________

die Kunst  die _______
tuKns
 ____ _____

der Sport  der ______
rtoSp
 ______ ______

die Musik  die ______
Muiks
 ______ ______

die Physik  die ______
ikyPhs
 ______ ______

die Chemie  die ______
emChie
 ______ ______

die Erdkunde  die ______
dErundke
 ______ ______

die Pause  die ______
saueP
 ______ ______

die Hausaufgabe  die ______
sauHaufgeab
 ______ ______

die Ferien *(Pl.)* 

die ______
enFeri

______ ______

das Zeugnis 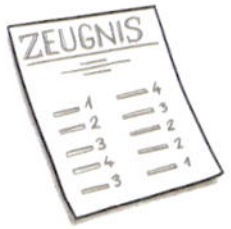

das ____________
nisZgeu

____ ________

die Note 
die ______
tNoe

____ ______

der Elternabend 

der ________________
tabendernEl

____ ________________

die Klassenfahrt 
die __________________
hrtKlaenfssa

____
____

die Übung 
die ________
Üngbu

____ ________

der Test 
der ______
Tset

____ ______

die Frage 

die ________
raeFg

____ ________

die Antwort 

die ____________
rtwAnto

____ ____________

der Buchstabe	A Auto	der ___________	stBuabech	A Auto	___ ___________
das Wort	A Auto	das _____	rtWo	A Auto	___ _____
der Satz	Das ist Ali.	der _____	tzSa	Das ist Ali.	___ _____
der Text	Das ist Ali. Er ist 15 Jahre alt und wohnt in Bonn. Er …	der _____	Txte	Das ist Ali. Er ist 15 Jahre alt und wohnt in Bonn. Er …	___ _____
die Idee		die _____	eedI		___ _____
lesen		______	lense		______
hören		______	henör		______
schreiben		_________	rbscheien		_________

sprechen 

respench 

ankreuzen 

kranzeneu 

ergänzen 

engänerz 

lernen 

nrenle 

fragen 

enagfr 

antworten 

wortanten 

buchstabieren 

stbuabierchen 

denken 

kenend 

helfen

ehfeln

ausfallen

fallausen

richtig

ritichg

falsch

fschal

einfach

chnfaei

schwer

wscher

pünktlich

pchütlink

unpünktlich

püchnunktli

Schule und Ausbildung

der Kindergarten

der ______________

nderartKigen

____ ______________

die Schule

die ________

ulSche

____ ________

die Berufsschule

die ______________

schBeulerufs

____ ______________

die Universität

die ______________

ätUnisivert

____ ______________

die Bibliothek

die ______________

thekblioBi

____ ______________

der Schulhof

der ____________

ofhSchlu

____ ____________

der Lehrer

der ________

hLrere

____ ________

die Schülerin  die ______
üSchinler
 ______ ______

der Student  der ______
ntudSte
 ______ ______

studieren  ______
udstrenie
 ______

der Lehrling  der ______
Lelihrng
 ______ ______

arbeiten 

______
eiarbnte

______

der Chef  der ______
eChf
 ______ ______

das Büro  das ______
Boür
 ______ ______

die Kollegin  die ______
ginlleKo
 ______ ______

Medien und Kommunikation

der Laptop  der ______
opLtap
 ______ ______

der Computer  der ______
terCpomu
 ______ ______

der Bildschirm  der ______
Brmschildi
 ______ ______

die Maus  die ______
Msau
 ______ ______

die Tastatur  die ______
Tataurts
 ______ ______

das Internet  das ______
tenlnret
 ______ ______

die E-Mail  die __ - ______
M-Elai
 ______ __ - ______

das Radio		das ______ Raiod		______ ______
der Fernseher		der ______ ernFesehr		______ ______
das Telefon		das ______ folenTe		______ ______
telefonieren		______ tefonlerenie		______
drucken		______ dnckrue		______
anklicken		______ ckenklian		______
die Mailbox		die ______ boxMail		______ ______
die SMS		die ______ MSS		______ ______

das Smartphone		das ______________ phoSmnarte	 ____ ______________
das Handy		das _______ Hdnya	 ____ _______
die Kamera		die ________ erKama	 ____ ________
die CD		die __ DC	 ____ __
der Brief		der ______ iefBr	 ____ ______
der Briefumschlag		der ______________ schBrfumielag	 ____ ______________
die Briefmarke		die ____________ keBfriemar	 ____ ____________
die Zeitung		die _______ Ztueing	 ____ _______

Mein Tag

der Alltag

schlafen

sich anziehen

zur Schule fahren

lernen

frühstücken

die Freizeit

chatten

schwimmen

Fußball spielen

Freunde treffen

lesen

sitzen  _ _ _ _ _ _  _ _ _ _ _ _

etznsi

stehen  _ _ _ _ _ _  _ _ _ _ _ _

nehste

liegen  _ _ _ _ _ _  _ _ _ _ _ _

enlgie

hängen  _ _ _ _ _ _  _ _ _ _ _ _

ngenhä

nehmen  _ _ _ _ _ _  _ _ _ _ _ _

nmnehe

geben  _ _ _ _ _  _ _ _ _ _

ebnge

kommen  _ _ _ _ _ _  _ _ _ _ _ _

memnko

gehen  _ _ _ _ _  _ _ _ _ _

egehn

anmachen

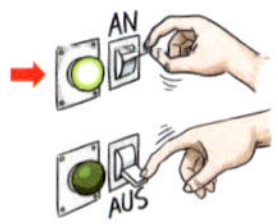

maechnan

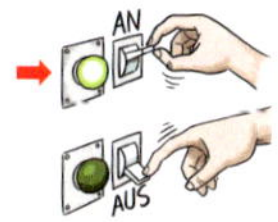

ausmachen

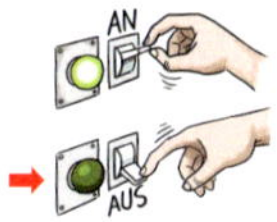

auchensma

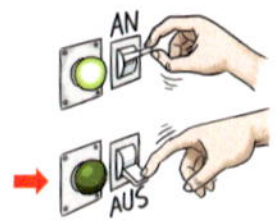

aufmachen

fauchenma

zumachen

enmzuach

streiten

tenreist

freuen *(+ sich)*

eufren

lachen

leachn

weinen

eneiwn

die Musik  die ______
uksMi
 ______ ______

die Party  die ______
Ptary
 ______ ______

die Disko  die ______
kosDi
 ______ ______

das Kino  das ______
inKo
 ______ ______

der Zoo  der ______
oZo
 ______ ______

das Café 

das ______
éCaf

______ ______

die Zeitschrift 

die ______
scheiZtrift

______ ______

lesen  ______
lense
 ______

treffen *(+ sich)*

 __________

tffenre

 __________

tanzen

 __________

zenant

 __________

singen

 __________

ensing

 __________

feiern

 __________

eifrne

 __________

malen

 __________

almen

 __________

stricken

 __________

ristcken

 __________

interessant

 __________

ntinesstera

 __________

langweilig

 __________

eilawnglig

 __________

Unterwegs

der Verkehr

die U-Bahn

die Autobahn

die Haltestelle

der Flughafen

das Fahrrad

der Bahnhof

in der Stadt

der Platz

die Kirche

die Kreuzung

der Park

die Brücke

die Straße

Auf Reisen

das Auto		das _ _ _ _ tAuo		___ _ _ _ _
der Bus		der _ _ _ usB		___ _ _ _
das Motorrad		das _ _ _ _ _ _ _ _ adorMotr		___ _ _ _ _ _ _ _ _
die S-Bahn		die _ - _ _ _ _ S-hBan		___ _ - _ _ _ _
das Schiff		das _ _ _ _ _ _ iSchff		___ _ _ _ _ _ _
die Straßenbahn		die _ _ _ _ _ _ _ _ _ _ _ ßStrhnaenba		___ _ _ _ _ _ _ _ _ _ _ _
das Taxi		das _ _ _ _ xTai		___ _ _ _ _

die U-Bahn  die _ - _ _ _ _

U-Bnah

 ___ _ - _ _ _ _

der Zug  der _ _ _

ugZ

 ___ _ _ _

das Fahrrad  das _ _ _ _ _ _ _

Faradhr

 ___ _ _ _ _ _ _ _

das Flugzeug  das _ _ _ _ _ _ _ _

gzgFlueu

 ___ _ _ _ _ _ _ _ _

der LKW  der _ _ _

LWK

 ___ _ _ _

die Reise  die _ _ _ _ _

seRei

 ___ _ _ _ _ _

der Bahnhof  der _ _ _ _ _ _ _

ofnBahh

 ___ _ _ _ _ _ _ _

der Flughafen  der _ _ _ _ _ _ _ _ _

ugfenFlha

 ___ _ _ _ _ _ _ _ _ _

der Urlaub  der ________  ____ ________

blUrau

das Hotel  das ______  ____ ______

Heotl

die Jugend-herberge  die ______________  ____ ______________

denJugbegerher

die Fahrkarte  die ____________

 ____ ____________

teFakarhr

der Fahrplan  der __________

 ____ __________

Fanaplhr

das Gepäck  das ________  ____ ________

pckäGe

der Koffer  der ________  ____ ________

ffrKoe

die Tasche  die ________  ____ ________

Tschae

die Haltestelle

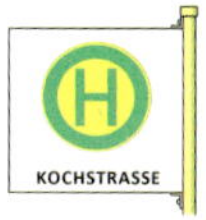

die ______________
elleHastlte

____

der Stadtplan

der ______________
anadtStpl

____

die Autobahn

die ______________
thnoAuba

____

der Verkehr

der ______________
erhrVke

____

der Stau

der ______________
auSt

____

die Schilder *(Pl.)*

die ______________
diSchler

____

einsteigen

____
geneieinst

____

aussteigen

____
gensaueist

____

umsteigen  ________  ________

eigstenum

fahren  ________  ________

enfrah

gehen  ________  ________

eghen

fliegen  ________  ________

eflgien

ankommen  ________  ________

mmankoen

abfahren  ________  ________

abrfahen

schnell  ________  ________

nschell

langsam  ________  ________

lasangm

Meine Umgebung

die Stadt		die ______	aStdt		______ ______
das Dorf		das ______	Drfo		______ ______
der Platz		der ______	tzPla		______ ______
der Park		der ______	Pkar		______ ______
die Straße		die ______	Stßrae		______ ______
der Weg		der ______	egW		______ ______
der Fußweg		der ______	Fugßwe		______ ______

der Radweg  der ______
dwRaeg
 ______ ______

die Ampel  die ______
Aelmp
 ______ ______

die Brücke  die ______
ückBre
 ______ ______

der Tunnel  der ______
nelnTu
 ______ ______

die Kreuzung  die ______
ungeuKrz
 ______ ______

der Parkplatz 

der ______
rkapltzPa

______ ______

die Tankstelle  die ______
nellksteTa
 ______ ______

der Spielplatz  der ______
tzplielaSp
 ______ ______

der Turm  der ____

Tmur

 ____ ____

das Rathaus  das ________

tauhRas

 ____ ________

die Kirche  die ______

ireKch

 ____ ______

die Bank 

die ____

Bnka

____ ____

die Post  die ____

osPt

 ____ ____

die Polizei 

die _______

Peioliz

____ _______

die Feuerwehr  die _________

ehrFereuw

 ____ _________

die Baustelle  die _________

staueBlle

 ____ _________

der Hafen		der ______ Heafn		____ ______
abbiegen		________ genbabie		________
geradeaus		_________ esradgaue		_________
rechts		______ chetrs		______
links		_____ lsink		_____
hinter		______ intrhe		______
vor	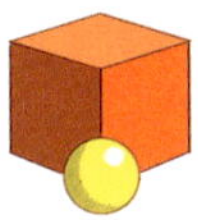	___ orv	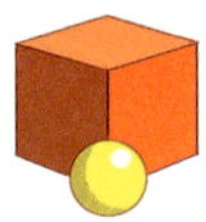	___
neben		_____ enbne		_____

zwischen  _ _ _ _ _ _ _ _ 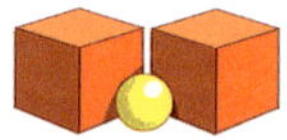 _ _ _ _ _ _ _ _

enzschwi

über  _ _ _ _  _ _ _ _

brüe

unter 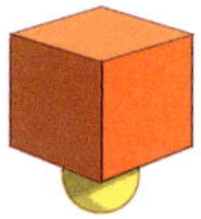 _ _ _ _ _ 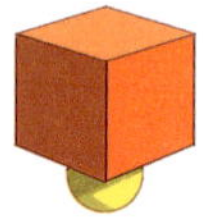 _ _ _ _ _

utner

in  _ _  _ _

ni

auf  _ _ _  _ _ _

fau

Die Zeit

die Uhrzeit

das Jahr

der Herbst

der Winter

der Sommer

der Frühling

das Jahr 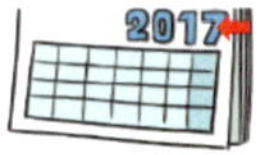

das _ _ _ _
Jrah

_ _ _ _ _ _ _ _ _

der Monat 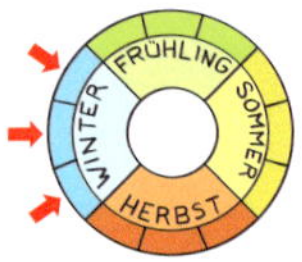

der _ _ _ _ _
Maont
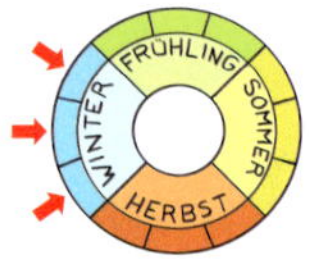

_ _ _ _ _ _ _ _

der Januar 
der _ _ _ _ _ _
aJarnu

_ _ _ _ _ _ _ _ _

der Februar 
der _ _ _ _ _ _ _
brFearu

_ _ _ _ _ _ _ _ _ _

der März 
der _ _ _ _
ärMz

_ _ _ _ _ _ _

der April 
der _ _ _ _ _
pirAl

_ _ _ _ _ _ _ _

der Mai  der ___ ___ ___

aiM

 ______ ___ ___ ___

der Juni  der ___ ___ ___ ___

Jniu

 ______ ___ ___ ___ ___

der Juli  der ___ ___ ___ ___

uJli

 ______ ___ ___ ___ ___

der August  der ___ ___ ___ ___ ___ ___

gAutus

 ______ ___ ___ ___ ___ ___ ___

der September  der ___ ___ ___ ___ ___ ___ ___ ___ ___

emptbeSre

 ______ ___ ___ ___ ___ ___ ___ ___ ___ ___

der Oktober  der ___ ___ ___ ___ ___ ___ ___

Oobkter

 ______ ___ ___ ___ ___ ___ ___ ___

der November  der ___ ___ ___ ___ ___ ___ ___ ___

Nveomerb

 ______ ___ ___ ___ ___ ___ ___ ___ ___

der Dezember  der ___ ___ ___ ___ ___ ___ ___ ___

erzbDeme

 ______ ___ ___ ___ ___ ___ ___ ___ ___

der Kalender  der ____________
Kealnrde
 ____ ____________

der Frühling  der ____________
ngFührli
 ____ ____________

der Sommer  der ________
Sermom
 ____ ________

der Herbst  der ________
Hbsert
 ____ ________

der Winter  der ________
inerWt
 ____ ________

die Stunde  die ________
uStend
 ____ ________

die Minute  die ________
inuMte
 ____ ________

die Sekunde  die __________
duSenke
 ____ __________

der Termin

der ________

Tinerm

____ ________

heute

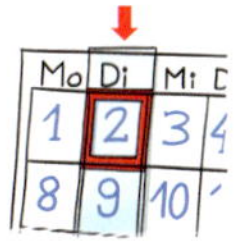

______

hteue

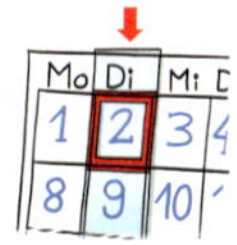

______

gestern

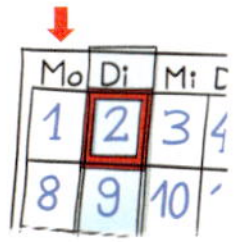

____

rngtese

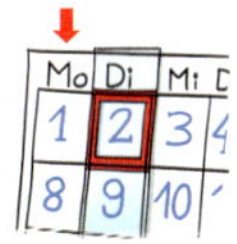

____

morgen

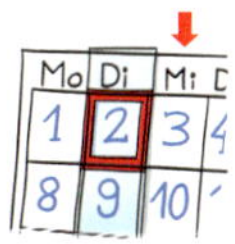

______

mgenor

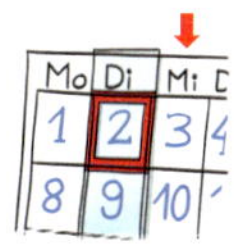

______

warten

______

rtwnae

______

verpassen

____

enverpass

____

früh

05:15

____

rüfh

05:15

____

spät

23:45

____

ätsp

23:45

____

In der Natur

die Landschaft

der Strand

der Fluss

der See

der Berg

das Wetter

die Sonne scheint

es regnet

es ist neblig

es schneit

Pflanzen und Landschaft

die Erde  die _____  _____ _____
Eerd

die Insel  die _____  _____ _____
Ielns

die Landschaft  die __________  _____ __________
ftLaschnda

das Gebirge  das _______  _____ _______
geGbire

der Berg  der ____  _____ ____
egBr

der See  der ___  _____ ___
eSe

der Fluss  der _____  _____ _____
suFls

das Meer  das ____ eeMr  ____ ____

der Strand  der ______ ndraSt  ____ ______

die Wüste  die _____ Wtüse  ____ _____

der Wald  der ____ dWal  ____ ____

das Feld  das ____ ldFe  ____ ____

die Pflanzen *(Pl.)*  die ________ nlaPfnze  ____ ________

der Baum  der ____ auBm  ____ ____

die Blume  die _____ Bumle  ____ _____

Tiere

die Tiere *(Pl.)*  die _ _ _ _ _ ieTre  ____ _ _ _ _ _

der Vogel  der _ _ _ _ _ Vgelo  ____ _ _ _ _ _

der Hund  der _ _ _ _ unHd  ____ _ _ _ _

die Katze  die _ _ _ _ _ Ktzae  ____ _ _ _ _ _

die Kuh  die _ _ _ uhK  ____ _ _ _

das Pferd  das _ _ _ _ _ dePfr  ____ _ _ _ _ _

das Schaf  das _ _ _ _ _ aSchf  ____ _ _ _ _ _

das Schwein  das ________ weiSchn  ____ ________

der Fisch  der ______ Fschi  ____ ______

der Elefant  der ________ elEafnt  ____ ________

der Esel  der ____ elEs  ____ ____

der Igel  der ____ ellg  ____ ____

der Tiger  der _____ ergTi  ____ _____

die Maus  die ____ ausM  ____ ____

die Spinne  die ______ ennSpi  ____ ______

Das Wetter

das Wetter  das _ _ _ _ _ _

teWetr

 ____ _ _ _ _ _ _

die Sonne  die _ _ _ _ _

Snone

 ____ _ _ _ _ _

der Mond  der _ _ _ _

nMod

 ____ _ _ _ _

der Stern  der _ _ _ _ _

erStn

 ____ _ _ _ _ _

der Schnee  der _ _ _ _ _ _

nSchee

 ____ _ _ _ _ _ _

der Regen  der _ _ _ _ _

enegR

 ____ _ _ _ _ _

das Gewitter  das _ _ _ _ _ _ _ _

ewirGtte

 ____ _ _ _ _ _ _ _ _

der Nebel  der ______
Neleb
 ______ ______

der Wind  der ______
Wdin
 ______ ______

die Wolke  die ______
lkeWo
 ______ ______

der Regenbogen  der ______
genRebogen
 ______ ______

die Sonne scheint  die Sonne ______
eintsch
 ______ ______ ______

es regnet  es ______
nreget
 ______ ______

es schneit  es ______
neischt
 ______ ______

es gewittert  es ______
ttgeterwi
 ______ ______

sonnig		_ _ _ _ _ _ nisong		_ _ _ _ _ _
neblig		_ _ _ _ _ _ ignble		_ _ _ _ _ _
bewölkt		_ _ _ _ _ _ _ belkwöt		_ _ _ _ _ _ _
windig		_ _ _ _ _ _ wigdin		_ _ _ _ _ _
kalt	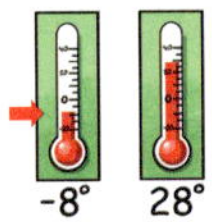	_ _ _ _ ktal	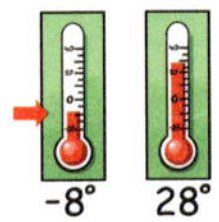	_ _ _ _
warm	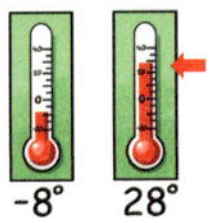	_ _ _ _ rwam		_ _ _ _
trocken		_ _ _ _ _ _ _ treockn		_ _ _ _ _ _ _
nass		_ _ _ _ nsas	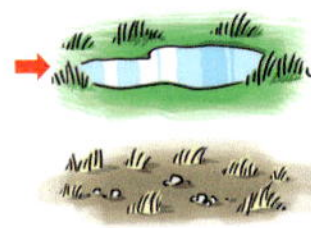	_ _ _ _

Register

A

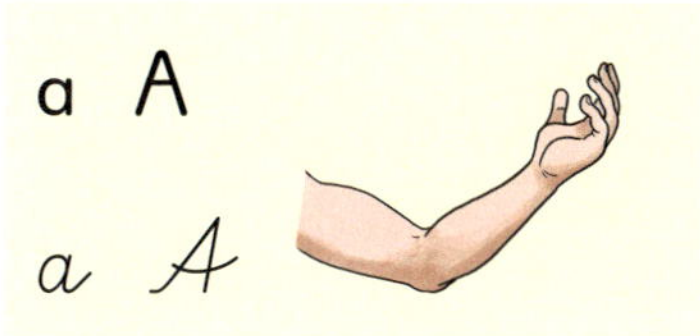

abbiegen 116
der **Abend**, die Abende 123
das **Abendessen** 32
abfahren, er fährt ab, er ist abgefahren 112
acht 75
achtzehn 76
achtzig 77
die **Adresse**, die Adressen 8
alt 15
das **Alter** 10
die **Ampel**, die Ampeln 114
die **Ananas**, die Ananas 28
das **Angebot**, die Angebote 72
ängstlich 16
anklicken, er klickt an, er hat angeklickt 94
ankommen, er kommt an, er ist angekommen 112
ankreuzen, er kreuzt an, er hat angekreuzt 89
anmachen, er macht an, er hat angemacht 101
anprobieren, er probiert an, er hat anprobiert 73
anrufen, er ruft an, er hat angerufen 99
der **Anspitzer**, die Anspitzer 82
die **Antwort**, die Antworten 87
antworten, er antwortet, er hat geantwortet 89
anziehen, er zieht an, er hat angezogen 65, 98
der **Apfel**, die Äpfel 28
die **Apotheke**, die Apotheken 57
der **April** 120
arbeiten, er arbeitet, er hat gearbeitet 92
das **Arbeitszimmer**, die Arbeitszimmer 41
der **Arm**, die Arme 51
der **Arzt**, die Ärzte 18, 56
die **Ärztin**, die Ärztinnen 18, 56
die **Arztpraxis**, die Arztpraxen 56
die **Aubergine**, die Auberginen 30
auf 117
aufmachen, er macht auf, er hat aufgemacht 101
aufräumen, er räumt auf, er hat aufgeräumt 99
aufstehen, er steht auf, er ist aufgestanden 98
der **Aufzug**, die Aufzüge 39
das **Auge**, die Augen 52
der **August** 121
ausfallen, er fällt aus, er ist ausgefallen 90
ausfüllen, er füllt aus, er hat ausgefüllt 10
ausmachen, er macht aus, er hat ausgemacht 101
aussteigen, er steigt aus, er ist ausgestiegen 111
der **Ausweis**, die Ausweise 10
ausziehen, er zieht aus, er hat ausgezogen 65
das **Auto**, die Autos 108
die **Autobahn**, die Autobahnen 111

B

das **Baby**, die Babys 14
backen, er backt/bäckt, er hat gebacken 34
der **Bäcker**, die Bäcker 19
die **Bäckerin**, die Bäckerinnen 19
die **Bäckerei**, die Bäckereien 70
die **Backform**, die Backformen 33
der **Backofen**, die Backöfen 46
das **Bad**, die Bäder 40
der **Badeanzug**, die Badeanzüge 64
die **Badehose**, die Badehosen 65
baden, er badet, er hat gebadet 55
die **Badewanne**, die Badewannen 41
der **Bahnhof**, die Bahnhöfe 109
der **Balkon**, die Balkone 38
der **Ball**, die Bälle 103
die **Banane**, die Bananen 28
die **Bank**, die Banken 115
der **Bart**, die Bärte 14
der **Bauarbeiter**, die Bauarbeiter 18
die **Bauarbeiterin**, die Bauarbeiterinnen 18
der **Bauch**, die Bäuche 50
bauen, er baut, er hat gebaut 42
der **Baum**, die Bäume 129
die **Baustelle**, die Baustellen 115
behindert 59
begrüßen, er begrüßt, er hat begrüßt 99
das **Bein**, die Beine 50
der **Berg**, die Berge 128
die **Berufsschule**, die Berufsschulen 91
das **Besteck**, die Bestecke 33
besuchen, er besucht, er hat besucht 103
das **Bett**, die Betten 44
bewölkt 134
bezahlen, er bezahlt, er hat bezahlt 71
die **Bibliothek**, die Bibliotheken 91
das **Bild**, die Bilder 44
der **Bildschirm**, die Bildschirme 93
billig 73
die **Biologie** 85
die **Birne**, die Birnen 28
blau 67
der **Bleistift**, die Bleistifte 82
blond 15
die **Blume**, die Blumen 129
die **Bluse**, die Blusen 63
das **Blut** 53
die **Bohne**, die Bohnen 30
der **Bonbon** (auch: das Bonbon), die Bonbons 25
braten, er brät, er hat gebraten 34
braun 15
der **Brief**, die Briefe 95
der **Briefkasten**, die Briefkästen 40
die **Briefmarke**, die Briefmarken 95
der **Briefumschlag**, die Briefumschläge 95
die **Brille**, die Brillen 14
das **Brot**, die Brote 22
das **Brötchen**, die Brötchen 22
die **Brotdose**, die Brotdosen 84
die **Brücke**, die Brücken 114
der **Bruder**, die Brüder 12
die **Brust**, die Brüste 51
das **Buch**, die Bücher 82
der **Buchstabe**, die Buchstaben 88
buchstabieren, er buchstabiert, er hat buchstabiert 89
bunt 67
das **Büro**, die Büros 92
die **Bürste**, die Bürsten 54
der **Bus**, die Busse 108
die **Butter** 23

C

c C

c C

das **Café**, die Cafés 104
der **CD-Player**, die CD-Player 47
die **CD**, die CDs 95
der **Cent**, die Cent(s) 72
chatten, er chattet, er hat gechattet 103
der **Chef**, die Chefs 92
die **Chefin**, die Chefinnen 92
die **Chemie** 86
die **Chips** *(Plural)* 26
die **Cola**, die Colas 26
der **Computer**, die Computer 93
das **Computerspiel**, die Computerspiele 103
die **Creme**, die Cremes 55

D

d D

d D

das **Dach**, die Dächer 39
das **Dachgeschoss**, die Dachgeschosse 38
der **Daumen**, die Daumen 51
denken, er denkt, er hat gedacht 89
das **Deutsch** 85
der **Dezember** 121
dick 16
der **Dienstag**, die Dienstage 122
die **Disko**, die Diskos 104
der **Donnerstag**, die Donnerstage 122
das **Dorf**, die Dörfer 113
die **Dose**, die Dosen 27
drei 74
drei Viertel 79
dreihundert 77
dreißig 76
dreizehn 75
das **Drittel**, die Drittel 78
die **Drogerie**, die Drogerien 70
drucken, er druckt, er hat gedruckt 94
dunkel 43
dünn 16
der **Durst** 34
das **Duschgel**, die Duschgele 54
die **Dusche**, die Duschen 41
duschen, er duscht, er hat geduscht 55, 98

E

e E

e E

die **E-Mail**, die E-Mails 93
die **Ehefrau**, die Ehefrauen 13
der **Ehemann**, die Ehemänner 13
das **Ehepaar**, die Ehepaare 13
das **Ei**, die Eier 22
einfach 90
der **Eingang**, die Eingänge 39
einkaufen, er kauft ein, er hat eingekauft 99
das **Einkaufszentrum**, die Einkaufszentren 70
einnehmen, er nimmt ein, er hat eingenommen 58
eins 74
einsteigen, er steigt ein, er ist eingestiegen 111
einundzwanzig 76
das **Eis** 25
der **Elefant**, die Elefanten 131
elf 75
der **Ellenbogen**, die Ellenbogen 51
die **Eltern** *(Plural)* 11
der **Elternabend**, die Elternabende 87
eng 65
das **Englisch** 85

der **Enkel**, die Enkel 13
die **Enkelin**, die Enkelinnen 13
die **Enkel** *(Plural)* 13
die **Erdbeere**, die Erdbeeren 28
die **Erde** 128
das **Erdgeschoss**, die Erdgeschosse 38
die **Erdkunde** 86
ergänzen, er ergänzt, er hat ergänzt 89
der **Erzieher**, die Erzieher 18
die **Erzieherin**, die Erzieherinnen 18
der **Esel**, die Esel 131
es gewittert → gewittern 133
es regnet → regnen 133
es schneit → schneien 133
essen, er isst, er hat gegessen 34
der **Essig**, die Essige 24
der **Euro**, die Euro(s) 72

F

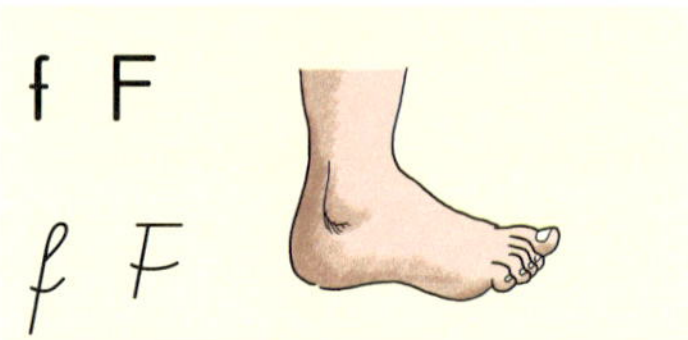

fahren, er fährt, er ist gefahren 112
die **Fahrkarte**, die Fahrkarten 110
der **Fahrplan**, die Fahrpläne 110
das **Fahrrad**, die Fahrräder 109
falsch 90
die **Familie**, die Familien 11
die **Farbe**, die Farben 66
der **Februar** 120
die **Federmappe**, die Federmappen 83
feiern, er feiert, er hat gefeiert 105
das **Feld**, die Felder 129
das **Fenster**, die Fenster 41
die **Ferien** *(Plural)* 86
fernsehen, er sieht fern, er hat ferngesehen 103
der **Fernseher**, die Fernseher 47, 94
die **Feuerwehr**, die Feuerwehren 115
das **Fieber** 56
finden, er findet, er hat gefunden 73
der **Finger**, die Finger 51
der **Fisch**, die Fische 24, 131
die **Flasche**, die Flaschen 27
das **Fleisch** 23
fliegen, er fliegt, er ist geflogen 112
der **Flughafen**, die Flughäfen 109
das **Flugzeug**, die Flugzeuge 109
der **Flur**, die Flure 41
der **Fluss**, die Flüsse 128
der **Fön**, die Föne 47
das **Formular**, die Formulare 10
die **Frage**, die Fragen 87
fragen, er fragt, er hat gefragt 89
die **Frau**, die Frauen 14
der **Freitag**, die Freitage 122
freuen (+ sich), er freut sich, er hat sich gefreut 101
der **Freund**, die Freunde 13
die **Freundin**, die Freundinnen 13
frisch 31
der **Friseur**, die Friseure 19
die **Friseurin**, die Friseurinnen 19
fröhlich 16
früh 125
der **Frühling** 124
das **Frühstück** 32
frühstücken, er frühstückt, er hat gefrühstückt 98
fünf 74
fünfzehn 75
fünfzig 77
der **Fuß**, die Füße 50
der **Fußball** 102
der **Fußballspieler**, die Fußballspieler 19
die **Fußballspielerin**, die Fußballspielerinnen 19
der **Fußweg**, die Fußwege 113

G

g G

g G

die **Gabel**, die Gabeln 33
die **Garage**, die Garagen 39
der **Garten**, die Gärten 39
geben, er gibt, er hat gegeben 100
das **Gebirge**, die Gebirge 128
das **Geburtsdatum**, die Geburtsdaten 9
der **Geburtsort**, die Geburtsorte 9
gehen, er geht, er ist gegangen 100, 112
gelb 66
das **Geld** 72
das **Gemüse** 30
das **Gepäck** 110
gepunktet 67
geradeaus 116
das **Geschäft**, die Geschäfte 70
das **Geschenk**, die Geschenke 72
die **Geschichte** 85
geschieden 17
das **Geschirr** 32
die **Geschwister** *(Plural)* 12
das **Gesicht**, die Gesichter 52
gestern 125
gestreift 67
gesund 59
geteilt 79
das **Getränk**, die Getränke 26
das **Gewicht**, die Gewichte 10
das **Gewitter**, die Gewitter 132
gewittern, es gewittert, es hat gewittert 133
das **Glas**, die Gläser 32
gleich 79
das **Gramm** 27
grau 67
grillen, er grillt, er hat gegrillt 34
groß 15
die **Größe**, die Größen 10, 65
die **Großeltern** *(Plural)* 12
grün 67
die **Gurke**, die Gurken 30
der **Gürtel**, die Gürtel 62

H

h H

h H

das **Haar**, die Haare 52
der **Hafen**, die Häfen 116
das **Hähnchen**, die Hähnchen 23
die **Hälfte**, die Hälften 78
der **Hals**, die Hälse 52
die **Haltestelle**, die Haltestellen 111
der **Hamburger**, die Hamburger 24
die **Hand**, die Hände 51
der **Handschuh**, die Handschuhe 64
das **Handtuch**, die Handtücher 55
das **Handy**, die Handys 95
die **Handynummer**, die Handynummern 9
hängen, er hängt, er hat gehangen 100
hässlich 16
das **Haus**, die Häuser 38
die **Hausaufgabe**, die Hausaufgaben 86, 98
die **Hausfrau**, die Hausfrauen 19
der **Hausmann**, die Hausmänner 19
die **Haut** 53
das **Heft**, die Hefte 82
heiß 35
die **Heizung**, die Heizungen 42
helfen, er hilft, er hat geholfen 90
hell 43
das **Hemd**, die Hemden 62
der **Herbst** 124
der **Herd**, die Herde 46
das **Herz**, die Herzen 53
heute 125
die **Himbeere**, die Himbeeren 28
hinter 116
der **Hof**, die Höfe 39

der **Honig** 22
hören, er hört, er hat gehört 88
die **Hose**, die Hosen 62
das **Hotel**, die Hotels 110
hübsch 16
der **Hund**, die Hunde 130
hundert 77
hunderteins 77
der **Hunger** 34
der **Husten** 57
der **Hustensaft**, die Hustensäfte 58

I

ich 8
die **Idee**, die Ideen 88
der **Igel**, die Igel 131
in 117
die **Insel**, die Inseln 128
interessant 105
das **Internet** 93
isst → essen 34

J

die **Jacke**, die Jacken 62
das **Jahr**, die Jahre 120
der **Januar** 120
der **Jogurt**, die Jogurts 23
die **Jugendherberge**, die Jugendherbergen 110
der **Juli** 121
jung 15
der **Junge**, die Jungen 14
der **Juni** 121

K

der **Kaffee** 26
die **Kaffeemaschine**, die Kaffeemaschinen 46
der **Kalender**, die Kalender 124
kalt 35, 134
die **Kamera**, die Kameras 95
der **Kamm**, die Kämme 54
kämmen (+ sich), er kämmt sich, er hat sich gekämmt 55
die **Kappe**, die Kappen 64
kaputt 73
kariert 67
die **Karotte**, die Karotten 30
die **Kartoffel**, die Kartoffeln 30
der **Käse** 23
die **Kasse**, die Kassen 71
der **Kassenzettel**, die Kassenzettel 71
die **Katze**, die Katzen 130
kaufen, er kauft, er hat gekauft 72
der **Keller**, die Keller 38
das **Kilo**, die Kilo(s) 27
das **Kind**, die Kinder 11
der **Kindergarten**, die Kindergärten 91
das **Kinderzimmer**, die Kinderzimmer 40
das **Kino**, die Kinos 104
der **Kiosk**, die Kioske 71
die **Kirche**, die Kirchen 115
die **Kirsche**, die Kirschen 29
die **Klassenfahrt**, die Klassenfahrten 87
der **Kleber**, die Kleber 83
das **Kleid**, die Kleider 63
die **Kleidung** 62
klein 16
die **Klingel**, die Klingeln 40
das **Knie**, die Knie 50
der **Knoblauch** 30
der **Knochen**, die Knochen 53
der **Koch**, die Köche 18

die **Köchin**, die Köchinnen 18
kochen, er kocht, er hat gekocht 34
der **Koffer**, die Koffer 110
der **Kollege**, die Kollegen 92
die **Kollegin**, die Kolleginnen 92
kommen, er kommt, er ist gekommen 100
die **Kommode**, die Kommoden 44
der **Kopf**, die Köpfe 52
der **Kopfsalat**, die Kopfsalate 30
das **Kopftuch**, die Kopftücher 64
der **Körper**, die Körper 50
krank 59
das **Krankenhaus**, die Krankenhäuser 56
der **Krankenpfleger**, die Krankenpfleger 56
die **Krankenschwester**, die Krankenschwestern 56
der **Krankenwagen**, die Krankenwagen 58
die **Kreide** 82
die **Kreuzung**, die Kreuzungen 114
die **Küche**, die Küchen 40
der **Kuchen**, die Kuchen 25
die **Kuh**, die Kühe 130
der **Kühlschrank**, die Kühlschränke 46
der **Kuli**, die Kulis 82
der **Kunde**, die Kunden 71
die **Kundin**, die Kundinnen 71
die **Kunst** 85
kurz 65

L

lachen, er lacht, er hat gelacht 101
die **Lampe**, die Lampen 44
die **Landschaft**, die Landschaften 128
lang 65
langsam 112
langweilig 105
der **Laptop**, die Laptops 93
laufen, er läuft, er ist gelaufen 102
laut 43
das **Lebensmittel**, die Lebensmittel 22
der **Lehrer**, die Lehrer 18, 91
die **Lehrerin**, die Lehrerinnen 18, 91
der **Lehrling**, die Lehrlinge 92
die **Leiter**, die Leitern 47
lernen, er lernt, er hat gelernt 89, 98
lesen, er liest, er hat gelesen 88, 104
liegen, er liegt, er hat gelegen 100
lila 66
die **Limonade**, die Limonaden 26
das **Lineal**, die Lineale 83
links 116
die **Lippe**, die Lippen 53
der **Liter**, die Liter 27
der **LKW**, die LKWs 109
die **Locke**, die Locken 15
der **Löffel**, die Löffel 33

M

das **Mädchen**, die Mädchen 14
der **Mai** 121
die **Mailbox**, die Mailboxen 94
der **Mais** 31
mal 79
malen, er malt, er hat gemalt 105
der **Mann**, die Männer 14
männlich 17
der **Mantel**, die Mäntel 63
der **Markt**, die Märkte 70
die **Marmelade**, die Marmeladen 22
der **März** 120
die **Mathematik** 85

die **Maus**, die Mäuse 93, 131
der **Mechaniker**, die Mechaniker 18
die **Mechanikerin**, die Mechanikerinnen 18
das **Medikament**, die Medikamente 57
das **Meer**, die Meere 129
die **Melone**, die Melonen 29
messen, er misst, er hat gemessen 59
das **Messer**, die Messer 33
die **Metzgerei**, die Metzgereien 70
die **Miete**, die Mieten 42
die **Mikrowelle** 46
die **Milch** 27
die **Million**, die Millionen 78
minus 79
die **Minute**, die Minuten 124
der **Mittag**, die Mittage 123
das **Mittagessen** 32
der **Mittwoch**, die Mittwoche 122
die **Möbel** *(Plural)* 44
der **Monat**, die Monate 120
der **Mond** 132
der **Montag**, die Montage 122
morgen 125
der **Morgen**, die Morgen 123
das **Motorrad**, die Motorräder 108
müde 17
der **Mülleimer**, die Mülleimer 47
die **Mülltonne**, die Mülltonnen 40
der **Mund**, die Münder 53
die **Musik** 86, 104
das **Müsli**, die Müslis 22
die **Mutter**, die Mütter 11
die **Mütze**, die Mützen 64

N

der **Nachbar**, die Nachbarn 42
die **Nachbarin**, die Nachbarinnen 42
der **Nachmittag**, die Nachmittage 123
der **Nachname**, die Nachnamen 8
die **Nacht**, die Nächte 123
die **Nase**, die Nasen 52
das **Nasenspray**, die Nasensprays 57
nass 134
die **Nationalität**, die Nationalitäten 9
der **Nebel** 133
neben 116
neblig 134
nehmen, er nimmt, er hat genommen 100
neugierig 17
neun 75
neunzehn 76
neunzig 77
die **Note**, die Noten 87
der **November** 121
die **Nudeln** *(Plural)* 24
die **Nummer**, die Nummern 8

O

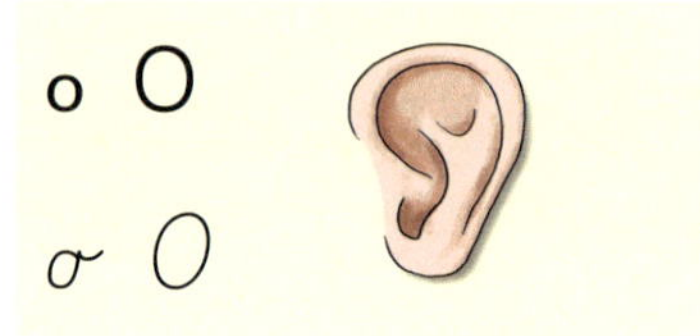

das **Obst** 28
das **Ohr**, die Ohren 52
der **Oktober** 121
das **Öl**, die Öle 25
die **Oma**, die Omas 12
der **Onkel**, die Onkel 12
der **Opa**, die Opas 12
die **Operation**, die Operationen 58
orange 66
die **Orange**, die Orangen 29
der **Ort**, die Orte 9

P

p P
p P

die **Packung**, die Packungen 27
das **Papier**, die Papiere 84
der **Papierkorb**, die Papierkörbe 84
die **Paprika**, die Paprika 31
der **Park**, die Parks 113
der **Parkplatz**, die Parkplätze 114
die **Party**, die Partys 104
der **Pass**, die Pässe 10
die **Pause**, die Pausen 86
die **Pfanne**, die Pfannen 33
der **Pfeffer** 25
das **Pferd**, die Pferde 130
der **Pfirsich**, die Pfirsiche 29
die **Pflanze**, die Pflanzen 39, 129
das **Pflaster**, die Pflaster 58
die **Pflaume**, die Pflaumen 29
die **Physik** 86
der **Pilz**, die Pilze 31
die **Pizza**, die Pizzas/Pizzen 24
der **Platz**, die Plätze 113
plus 79
der **Po**, die Pos 50
die **Polizei** 115
der **Polizist**, die Polizisten 19
die **Polizistin**, die Polizistinnen 19
die **Pommes frites** *(Plural)* 24
das **Portemonnaie**, die Portemonaies 71
die **Post** 115
das **Poster**, die Poster 44
die **Postleitzahl (PLZ)**, die Postleitzahlen 8
der **Preis**, die Preise 71
das **Prozent**, die Prozente 78
der **Pullover**, die Pullover 62
pünktlich 90

Q

q Q
q Q

der **Quadratmeter**, die Quadratmeter 42

R

r R
r R

der **Radiergummi**, die Radiergummis 83
das **Radio**, die Radios 47, 94
das **Radfahren** 103
der **Radweg**, die Radwege 114
rasieren (+ sich), er rasiert sich, er hat sich rasiert 55
das **Rathaus**, die Rathäuser 115
rechnen, er rechnet, er hat gerechnet 79
rechts 116
das **Regal**, die Regale 45
der **Regen** 132
der **Regenbogen**, die Regenbögen 133
regnen, es regnet, es hat geregnet 133
reif 31
die **Reinigungskraft**, die Reinigungskräfte 19
der **Reis** 24
die **Reise**, die Reisen 109
die **Religion**, die Religionen 9
reparieren, er repariert, er hat repariert 43
das **Rezept**, die Rezepte 57

richtig 90
der **Rock**, die Röcke 63
röntgen, der Arm wird geröntgt 59
rosa 66
rot 66
der **Rücken**, die Rücken 51
der **Rucksack**, die Rucksäcke 84
ruhig 43

S

die **S-Bahn**, die S-Bahnen 108
der **Saft**, die Säfte 26
die **Sahne** 23
die **Salbe**, die Salben 57
das **Salz** 25
salzig 35
der **Samstag**, die Samstage 122
der **Satz**, die Sätze 88
sauer 35
das **Schaf**, die Schafe 130
der **Schal**, die Schals 64
scharf 35
der **Schauspieler**, die Schauspieler 19
die **Schauspielerin**, die Schauspielerinnen 19
scheinen, (die Sonne) scheint, (die Sonne) hat geschienen 133
die **Schere**, die Scheren 83
das **Schiff**, die Schiffe 108
das **Schild**, die Schilder 111
schlafen, er schläft, er hat geschlafen 99
das **Schlafzimmer**, die Schlafzimmer 40
der **Schlüssel**, die Schlüssel 42
die **Schmerzen** *(Plural)* 56
der **Schnee** 132
schneien, es schneit, es hat geschneit 133
schnell 112
der **Schnupfen** 57
die **Schokolade**, die Schokoladen 25
der **Schrank**, die Schränke 44
der **Schreibblock**, die Schreibblöcke 84
schreiben, er schreibt, er hat geschrieben 88
der **Schreibtisch**, die Schreibtische 45, 84
der **Schuh**, die Schuhe 63
die **Schule**, die Schulen 91, 98
der **Schüler**, die Schüler 92
die **Schülerin**, die Schülerinnen 92
das **Schulfach**, die Schulfächer 85
der **Schulhof**, die Schulhöfe 91
die **Schulter**, die Schultern 51
die **Schüssel**, die Schüsseln 33
schwanger 59
schwarz 15, 67
das **Schwein**, die Schweine 131
schwer 90
die **Schwester**, die Schwestern 12
das **Schwimmbad**, die Schwimmbäder 102
schwimmen, er schwimmt, er ist geschwommen 102
sechs 74
sechzehn 76
sechzig 77
der **See**, die Seen 128
die **Seife**, die Seifen 54
der **Sekretär**, die Sekretäre 19
die **Sekretärin**, die Sekretärinnen 19
die **Sekunde**, die Sekunden 124
der **September** 121
der **Sessel**, die Sessel 45
das **Shampoo**, die Shampoos 54
sieben 74
siebzehn 76
siebzig 77
singen, er singt, er hat gesungen 105
sitzen, er sitzt, er hat gesessen 100
das **Smartphone**, die Smartphones 95
die **SMS**, die SMS 94

die **Socke**, die Socken 63
das **Sofa**, die Sofas 45
der **Sohn**, die Söhne 11
der **Sommer** 124
die **Sonne**, die Sonnen 132
die **Sonne scheint** → scheinen 133
die **Sonnenbrille**, die Sonnenbrillen 64
sonnig 134
der **Sonntag**, die Sonntage 122
spät 125
der **Spiegel**, die Spiegel 45
spielen, er spielt, er hat gespielt 103
der **Spielplatz**, die Spielplätze 114
die **Spinne**, die Spinnen 131
der **Sport** 86, 102
der **Sportplatz**, die Sportplätze 102
die **Sporttasche**, die Sporttaschen 84
sprechen, er spricht, er hat gesprochen 89
springen, er springt, er ist gesprungen 99
die **Spritze**, die Spritzen 58
die **Spülmaschine**, die Spülmaschinen 46
das **Stadion**, die Stadien 102
die **Stadt**, die Städte 113
der **Stadtplan**, die Stadtpläne 111
stark 17
der **Stau**, die Staus 111
der **Staubsauger**, die Staubsauger 47
stehen, er steht, er hat gestanden 100
der **Stern**, die Sterne 132
der **Stift**, die Stifte 83
die **Stirn** 52
der **Stock** 38
der **Strand**, die Strände 129
die **Straße**, die Straßen 8, 113
die **Straßenbahn**, die Straßenbahnen 108
streichen, er streicht, er hat gestrichen 43
streiten, er streitet, er hat gestritten 101
stricken, er strickt, er hat gestrickt 105
der **Student**, die Studenten 92
die **Studentin**, die Studentinnen 92
studieren, er studiert, er hat studiert 92
der **Stuhl**, die Stühle 45
die **Stunde**, die Stunden 124
suchen, er sucht, er hat gesucht 73
der **Supermarkt**, die Supermärkte 70
die **Suppe**, die Suppen 24
süß 35

T

das **T-Shirt**, die T-Shirts 62
die **Tablette**, die Tabletten 57
die **Tafel**, die Tafeln 82
der **Tag**, die Tage 123
die **Tankstelle**, die Tankstellen 114
die **Tante**, die Tanten 12
tanzen, er tanzt, er hat getanzt 105
tapezieren, er tapeziert, er hat tapeziert 43
die **Tasche**, die Taschen 110
das **Taschengeld**, die Taschengelder 72
der **Taschenrechner**, die Taschenrechner 84
das **Taschentuch**, die Taschentücher 55
die **Tasse**, die Tassen 32
die **Tastatur**, die Tastaturen 93
tausend 78
das **Taxi**, die Taxis 108
der **Tee**, die Tees 26
das **Telefon**, die Telefone 94
telefonieren, er telefoniert, er hat telefoniert 94
die **Telefonnummer**, die Telefonnummern 9

A B C D E F G H I J K L M N O P Q R S T U V W X Y Z

der **Teller**, die Teller 32
der **Teppich**, die Teppiche 45
der **Termin**, die Termine 125
der **Test**, die Tests 87
teuer 73
der **Text**, die Texte 88
das **Tier**, die Tiere 130
der **Tiger**, die Tiger 131
der **Tisch**, die Tische 45
die **Tochter**, die Töchter 11
die **Toilette**, die Toiletten 42
die **Tomate**, die Tomaten 31
der **Topf**, die Töpfe 33
tot 59
traurig 16
treffen, er trifft, er hat getroffen 105
die **Treppe**, die Treppen 39
trinken, er trinkt, er hat getrunken 34
trocken 134
der **Tunnel**, die Tunnel 114
die **Tür**, die Türen 41
der **Turm**, die Türme 115
der **Turnschuh**, die Turnschuhe 64
die **Tüte**, die Tüten 27

U

u U

u U

die **U-Bahn**, die U-Bahnen 109
über 117
die **Übung**, die Übungen 87
die **Uhr**, die Uhren 47
die **Umkleidekabine**, die Umkleidekabinen 73
umsteigen, er steigt um, er ist umgestiegen 112
umziehen, er zieht um, er ist umgezogen 43
der **Umzug**, die Umzüge 42
die **Universität**, die Universitäten 91
unpünktlich 90
unter 117
das **Unterhemd**, die Unterhemden 63
die **Unterhose**, die Unterhosen 63
unterschreiben, er unterschreibt, er hat unterschrieben 10
die **Unterschrift**, die Unterschriften 9
untersuchen, er untersucht, er hat untersucht 58
der **Urlaub**, die Urlaube 110
der **USB-Stick**, die USB-Sticks 83

V

v V

v V

der **Vater**, die Väter 11
der **Verband**, die Verbände 58
vergessen, er vergisst, er hat vergessen 99
verheiratet 17
verkaufen, er verkauft, er hat verkauft 72
der **Verkäufer**, die Verkäufer 18, 71
die **Verkäuferin**, die Verkäuferinnen 18, 71
der **Verkehr** 111
verlieren, er verliert, er hat verloren 99
verpassen, er verpasst, er hat verpasst 125
viel 35
vier 74
das **Viertel**, die Viertel 78
vierzehn 75
vierzig 76
der **Vogel**, die Vögel 130
vor 116
der **Vorhang**, die Vorhänge 41
der **Vormittag**, die Vormittage 123
der **Vorname**, die Vornamen 8

W

w W

w W

der Wald, die Wälder 129
die Walnuss, die Walnüsse 29
wandern, er wandert, er ist gewandert 103
warm 134
warten, er wartet, er hat gewartet 125
das Waschbecken, die Waschbecken 41
waschen, er wäscht, er hat gewaschen 55
die Waschmaschine, die Waschmaschinen 46
das Wasser 26
der Weg, die Wege 113
weiblich 17
weinen, er weint, er hat geweint 101
die Weintraube, die Weintrauben 29
weiß 66
weit 65
wenig 35
das Wetter 132
wiegen, er wiegt, er hat gewogen 59
der Wind, die Winde 133
windig 134
der Winter 124
die Woche, die Wochen 122
das Wochenende, die Wochenenden 123
die Wohnung, die Wohnungen 38
das Wohnzimmer, die Wohnzimmer 40
die Wolke, die Wolken 133
das Wort, die Wörter/Worte 88
das Wörterbuch, die Wörterbücher 83
die Wurst, die Würste 23
das Würstchen, die Würstchen 23
die Wüste, die Wüsten 129
wütend 17

Z

z Z

z Z

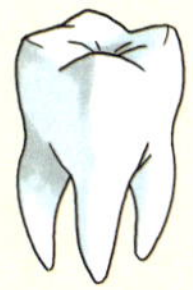

die Zahl, die Zahlen 78
zählen, er zählt, er hat gezählt 79
der Zahn, die Zähne 53
der Zahnarzt, die Zahnärzte 56
die Zahnärztin, die Zahnärztinnen 56
die Zahnbürste, die Zahnbürsten 54
die Zahnpasta 54
der Zeh, die Zehen 50
zehn 75
zeigen, er zeigt, er hat gezeigt 73
die Zeitschrift, die Zeitschriften 104
die Zeitung, die Zeitungen 95
das Zeugnis, die Zeugnisse 87
die Zitrone, die Zitronen 29
der Zoo, die Zoos 104
der Zopf, die Zöpfe 15
die Zucchini, die Zucchini 31
der Zucker 25
der Zug, die Züge 109
zumachen, er macht zu, er hat zugemacht 101
die Zunge, die Zungen 53
zwanzig 76
zwei 74
die Zwiebel, die Zwiebeln 31
zwischen 117
zwölf 75
zwölftausend 78

Notizen